초등학생이 알아야 할

위대한 과학자 100명

초등학생이 알아야 할
위대한 과학자 100명

아비게일 휘틀리, 란 쿡, 롭 로이드 존스 글

레너드 뒤퐁, 록산 캠포이 그림

사무엘 고램, 렌카 흐레호바, 엘리스 리스 디자인
스티븐 몽크리프 책임 디자인

마이크 키어니 감수

송지혜 옮김

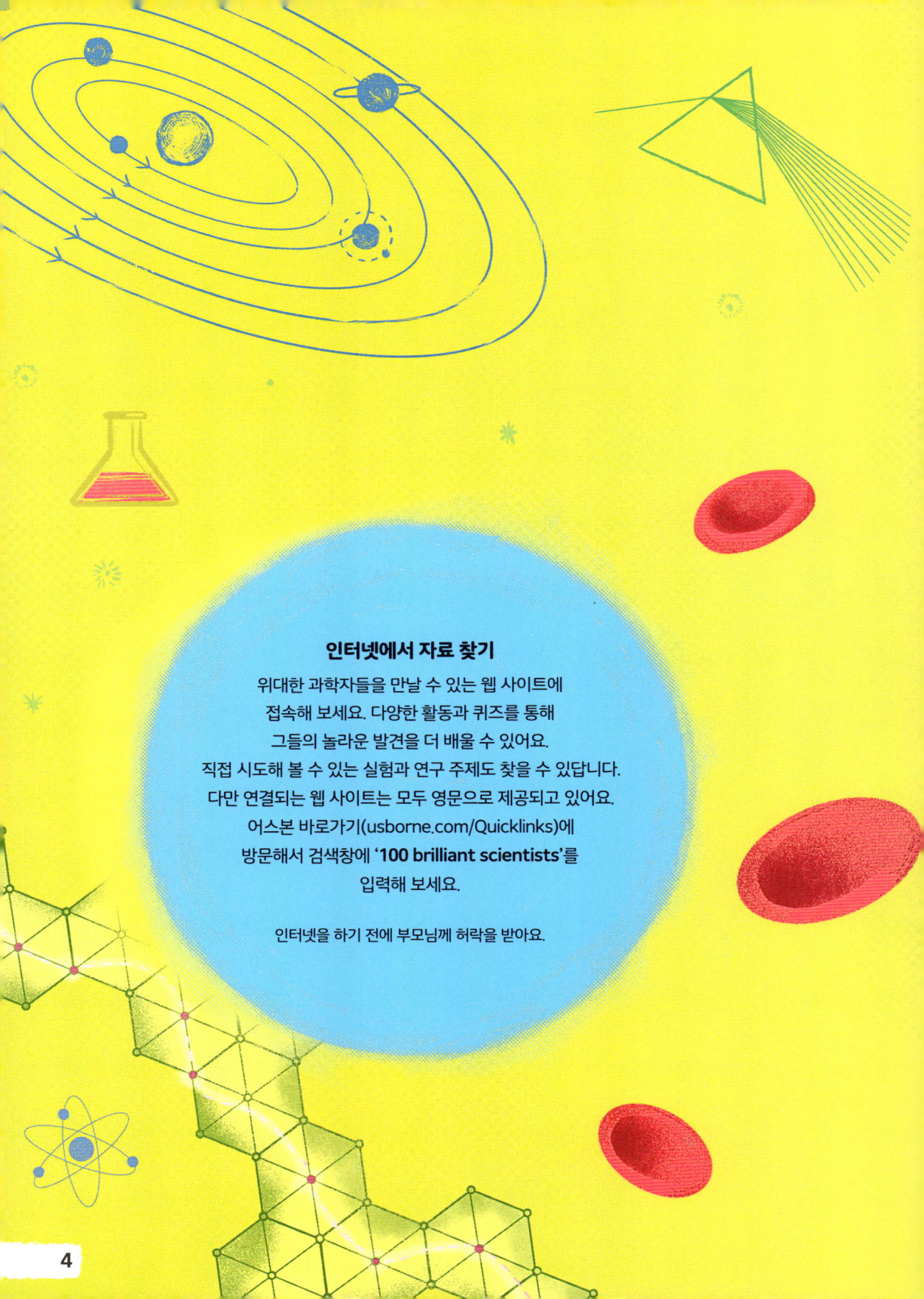

인터넷에서 자료 찾기

위대한 과학자들을 만날 수 있는 웹 사이트에
접속해 보세요. 다양한 활동과 퀴즈를 통해
그들의 놀라운 발견을 더 배울 수 있어요.
직접 시도해 볼 수 있는 실험과 연구 주제도 찾을 수 있답니다.
다만 연결되는 웹 사이트는 모두 영문으로 제공되고 있어요.
어스본 바로가기(usborne.com/Quicklinks)에
방문해서 검색창에 '**100 brilliant scientists**'를
입력해 보세요.

인터넷을 하기 전에 부모님께 허락을 받아요.

무엇이 과학자를 위대하게 만들었을까?

멀리 떨어진 은하계를 관찰하는
물리학 교수부터 나뭇잎 위의 애벌레를
지켜보는 어린이까지 누구나 과학자가 될 수 있어요.
하지만 뛰어난 이론을 떠올리거나 세상이 놀랄 만한
발견을 하는 사람은 몇몇뿐이지요.

어떤 과학자들은 명성을 얻거나, 화학, 물리학, 생리학·의학 분야에서
최고의 성과라고 할 수 있는 '노벨상'을 받기도 했어요.
하지만 역사를 통틀어 많은 과학자, 특히 여성이나 비서구권 국가의
과학자들은 최근까지 주목을 받지 못했어요.

여러분은 이 책을 읽는 동안 100명의 과학자가 발견한
놀라운 사실들을 만나게 될 거예요. 몇몇은 아주 유명하지만
잘 알려지지 않은 발견들도 있어요. 하지만
모든 과학 발견들은 위대하답니다.

각 장 위에 있는 숫자는
이 책을 읽는 동안 여러분이 만난
과학자의 수를 나타내요.

이전에는 없었던 가장 놀라운 컴퓨터

1830년대에 가장 복잡한 기계는 증기의 힘으로 움직이는 엔진이었어요. 그때 영국의 수학자였던 **찰스 배비지**가 최초의 **컴퓨터**를 생각해 냈어요. 돈이 없어 실제로 만들지는 못했지만 말이에요.

배비지는 자신이 설계한 기계를 **'해석 기관'**이라고 불렀어요. 수많은 톱니바퀴와 레버가 어떻게 서로 맞물려 돌아가는지 보여 주는 상세한 도면을 많이 남겼지요.

배비지의 설계도

카드에 구멍을 뚫어 숫자와 명령어를 입력해요. 이 카드가 여러 가지 **레버**를 밀면, 황동으로 만든 **톱니바퀴**와 **기어**가 움직이기 시작하며 계산을 수행할 거예요.

배비지의 설계도를 연구하는 현대 과학자들은 해석 기관이 실제로 만들어졌다면 **완벽하게 작동**했을 것이라고 생각해요.

배비지가 설계한 컴퓨터에는 아주 큰 숫자, 그러니까 최대 50자리 숫자까지 저장이 가능한 **메모리**가 있어요.

최초의 컴퓨터 프로그래머

영국의 수학자인 **에이다 러브레이스**는 배비지를 만난 후, 해석 기관에 매료되었어요.

> 우리가 이 해석 기관을 작동시키기 위해 어떻게 명령할지 알고 있다면, 이 기계는 무엇이든 할 수 있어요.

러브레이스는 그 기계의 엄청난 능력을 한눈에 알아보았어요. 러브레이스는 해석 기관으로 복잡한 **계산**을 수행하기 위한 명령어를 써 내려갔어요. 이것이 바로 세계 최초의 **컴퓨터 프로그램**이랍니다.

러브레이스의 프로그램은 현재 **'알고리즘'**이라고 알려진 명령어들의 집합이에요. 오늘날, 알고리즘은 모든 컴퓨터 프로그램의 기초가 되었어요.

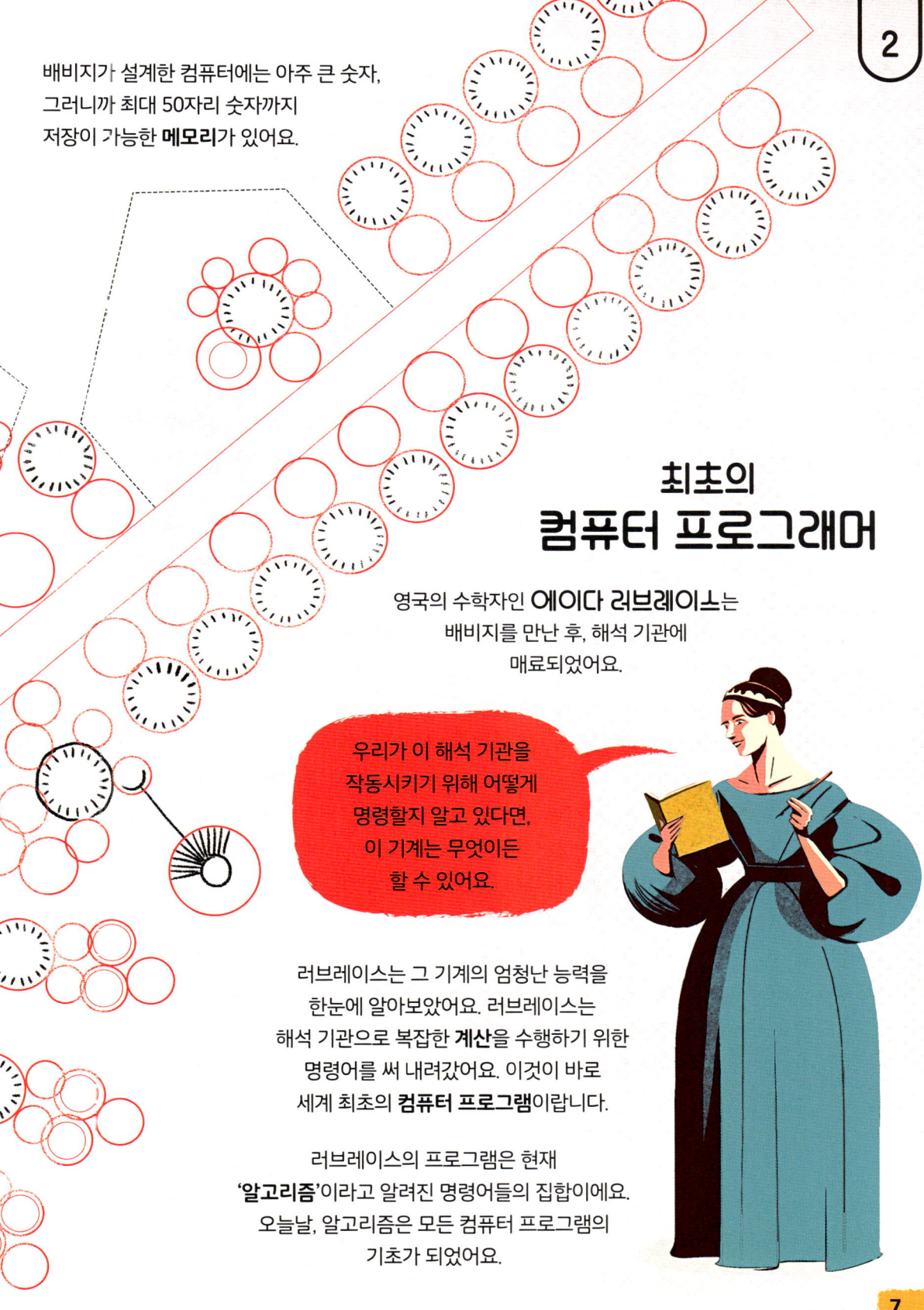

공룡이 멸종한 원인을 밝혀내다

공룡이 사라진 원인을 둘러싸고 수년 동안 많은 논란이 있었어요.
1980년에 아버지와 아들이 팀을 이루어 한 이론을 제시했어요.
이 이론은 현재 공룡이 갑작스럽게 **멸종**한 가장 유력한
원인으로 받아들여져요.

1977년 이탈리아

미국의 지질학자인 **월터 앨버레즈**는 이탈리아에서
암석 형성에 관해 연구하던 중, **셋으로 뚜렷하게 구분된 지층**을
발견하고 큰 흥미를 느꼈어요.

맨 **위층**에는 **선사 시대**에 살았던 작은 해양 생물인
유공충 화석이 있었어요.

그 아래에는 눈에 띄는 어두운 색깔의
단단한 **진흙층**이 있었고요.

바닥 층에는 많은 **공룡 화석**들이 있었어요.

공룡의 잔해가 남아 있는 맨 아래층은
공룡이 **살던 때**에 형성된 것이에요.
맨 위의 지층은 공룡이 이미
모두 **사라진** 뒤에 형성되었지요.

월터는 이 사이에 있는
어두운 진흙층이 공룡의 멸종에
관한 중요한 **단서**라고 생각했어요.
월터는 노벨 물리학상 수상자인
아버지 **루이스 앨버레즈**와
이야기해 보기로 했어요.

미국으로 돌아가다

월터와 루이스는 진흙층을 분석해 보았어요. 그 결과 **'이리듐'**이라는 원소가 놀랄 만큼 많이 검출되었어요. 이리듐은 지구에서는 보기 드문 원소로, 대부분 **우주**에서 떨어진 **운석**에서 발견되지요.

월터와 루이스는 단서들을 모아 오래전 지구에서 무슨 일이 일어났는지 설명했어요. 거대한 운석이 지구를 강타하고, 그 **충격**으로 수많은 암석과 먼지들이 공중으로 흩어졌어요.

솟아오른 암석 덩어리들이 대기의 마찰열로 불타며 다시 지구로 쏟아져 내렸어요. 수개월, 길게는 수년 동안 자욱한 먼지가 지구의 대기를 뒤덮었어요. 먼지 때문에 태양 빛이 **들어오지 못해** 대부분의 식물이 죽고 말았어요. 먹을 것이 사라지자 공룡과 다른 많은 동물들도 사라졌지요. 이 먼지 때문에 어두운 색의 진흙층이 형성되었어요.

1991년, 과학자들은 멕시코의 유카탄 반도에서 거대한 운석 충돌구인 **칙술루브 충돌구**를 발견했어요. 이곳은 공룡 멸종의 가장 유력한 원인으로 꼽히는 운석이 떨어진 장소예요.

5

우주를 여는 문, 블랙홀

1915년경, 과학자들은 **블랙홀**의 존재를 예측하기 시작했어요. 블랙홀은 중력이 너무나 강해 빛조차도 빠져나오지 못하는 신비한 영역이지요. 50년 후, 영국 물리학자 **스티븐 호킹**이 블랙홀의 여러 성질을 하나둘 밝혀내었어요.

1962년, 연구를 시작하다

호킹이 블랙홀 연구를 시작했을 무렵, 블랙홀의 존재는 단지 이론에 불과했어요. 그로부터 2년 후, 물리학자 로저 펜로즈는 죽음을 맞이한 별이 스스로 붕괴하면서 블랙홀이 **생겨날 수 있다**고 주장했어요. 펜로즈의 생각은 호킹의 연구에 전환점을 마련해 주었지요.

블랙홀이 커지다

1972년, 호킹은 블랙홀은 서로 합쳐져 **커질 수는 있지만**, 작아질 수는 없다고 주장했어요.

블랙홀

블랙홀이 작아지다

그러나 1974년에 호킹은 블랙홀이 입자를 방출하며 **작아질 수 있다는** 사실을 알게 되었어요. 이것을 '**호킹 복사**'라고 하지요.

합쳐지는 두 개의 블랙홀

호킹 복사

2016년, 과학자들은 두 개의 블랙홀이 합쳐질 때 발생하는 파동을 감지했어요. 블랙홀이 실제로 존재한다는 첫 번째 **직접적인 증거**였지요.

6 전자와 반전자의 공식을 찾아내다

우주에 있는 거의 모든 것은 **원자**라고 불리는 작은 입자로 이루어져 있어요. 하지만 **전자**처럼 원자보다 훨씬 작은 입자들도 있지요. 1920년대 과학자들은 전자가 원자 주변에 존재한다는 사실을 알고 있었지만, 전자가 어떻게 움직이는지는 정확히 알 수 없었어요. 물리학자 **폴 디랙**은 수학 공식으로 전자의 움직임을 설명했어요.

전자

1925년 영국
디랙은 전자가 **원자 안**에서 어떻게 움직이는지 설명하기 위해 새로운 수학 **공식**을 써 내려갔어요. 그러나 전자가 어떻게 **원자 밖**에서 이동하는지는 설명할 수 없었지요.

2년 후
디랙은 '**디랙 방정식**'이라고 불리는 공식을 사용해 이 문제를 해결했어요. 그러나 예상치 못한 골칫거리가 생겼어요. 이 공식이 성립하려면 우주에 디랙이 예상했던 것보다 두 배나 많은 전자가 존재해야 하거든요.

디랙은 각 **전자**가 반대 물질, 즉 **반전자**를 가지며, 둘이 만나면 **빛 에너지**를 방출하고 **사라질** 것이라 생각했어요.

양전자

1932년 미국
최초로 반전자, 또는 **양전자**가 실험을 통해 공식적으로 확인되었어요. 그 이후로 다른 반입자들이 많이 발견되었지요. 이들을 모두 '**반물질**'이라고 불러요. 디랙의 놀라운 방정식은 오늘날 가장 작은 입자를 연구하는 데 활용하는 **양자장론**의 기초가 되고 있어요.

우주에서 가장 큰 문제를 해결하다

1890년대, 많은 과학자들이 **물리학**에서는 더 이상 새로운 발견을 하지 못할 것이라고 생각했어요. 하지만 그때 한 천재 과학자가 나타나 **놀랍고 새로운** 아이디어를 계속 떠올렸어요. 그의 이론은 대부분 1년 안에 책으로 출판되었고, **세상을 변화시키는** 새로운 기술의 문을 열어 주었지요.

바로 독일 출신의 미국 물리학자 **알베르트 아인슈타인**의 업적이었어요. 아인슈타인은 뉴턴의 중력 이론 같은 물리 법칙이 광선처럼 **아주 작거나** 별이나 행성 같이 **거대한 물체**에는 정확히 적용되지 않는다는 사실을 알아냈어요.

1905년에는…
아인슈타인은 **빛**이 물결처럼 **파동**의 성질을 가지지만, 아주 작은 입자인 **광자**로 이루어져 있음을 증명해, 이 공로로 **노벨상**을 받았지요.

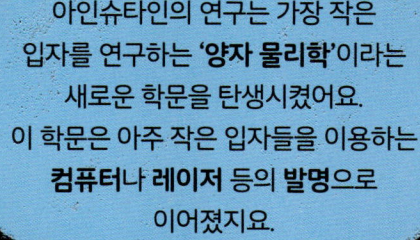

아인슈타인의 연구는 가장 작은 입자를 연구하는 '**양자 물리학**'이라는 새로운 학문을 탄생시켰어요. 이 학문은 아주 작은 입자들을 이용하는 **컴퓨터**나 **레이저** 등의 **발명**으로 이어졌지요.

1905년에도…

아인슈타인은 **빛의 속도**는 항상 **일정**하지만, **공간**과 **시간**은 어디에서 측정하느냐에 따라 **달라진다**는 이론을 세웠어요.

이를 '**특수 상대성 이론**'이라 불러요. 이 이론은 **높이**, **너비**, **깊이**를 가진 3차원 공간에 **시간**을 더한 4차원, 즉 **시공간**에 관한 개념을 이끌어냈지요.

1905년까지…

아인슈타인은 **에너지**가 **질량**으로 변환될 수 있다는 사실을 깨달았어요. 그리고 이것을 방정식으로 나타냈지요.

$$E = mc^2$$

이 방정식은 **원자**와 같은 작은 입자 **안**에 엄청난 양의 **에너지**가 들어 있다는 것을 보여 주어요. 이 원리로 **원자력 발전**과 **핵폭탄**이 개발되었어요.

그 이후…

아인슈타인은 특수 상대성 이론과 **중력**을 결합하여, 행성처럼 거대한 물체가 가진 중력은 시공간을 **휘어지게** 만든다고 생각했어요. 이것을 '**일반 상대성 이론**'이라고 불러요.

여러 실험을 통해 일반 상대성 이론은 우주가 움직이는 원리를 설명하는 **최고의 이론**임이 밝혀졌어요. 그러나 아주 작은 입자의 세계를 **설명할 수는 없다**는 사실은 아인슈타인에게도 평생의 한으로 남았지요.

무(無)에서 0을 만들어 낸 수학자

고대에는 **영(0)**을 쓰는 방법이 없었어요. 그래서 대부분의 수학자는 단순히 **빈 자리**로만 남겨 두었어요. 그러나 빈 자리의 크기에 따라 1이 1, 10 또는 100을 의미하기도 해 헷갈리는 일이 많았어요. 그때 한 수학자가 나타나 이 혼란을 끝내 버렸지요.

628년 인도

천문학자이자 수학자였던 **브라마굽타**는 최초로 0을 사용하는 **수학 법칙**을 설명한 책을 펴냈어요. 이 책에서 0보다 작은 숫자, 즉 **음수**도 다루었지요.

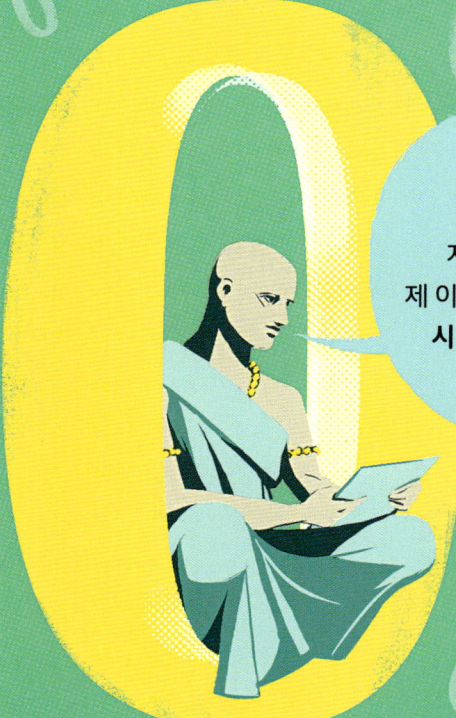

당시 대부분의 인도 수학자처럼, 저 또한 다른 사람들이 제 이론을 쉽게 외울 수 있도록 **시 형식**으로 책을 썼지요.

나중에 브라마굽타의 책은 아랍어로 **번역**되어 수학자 알콰리즈미에 의해 연구되었고, 알콰리즈미가 남긴 저술은 또다시 유럽으로 전파되었어요. 그곳에서 0에 관한 개념이 전 세계로 퍼져 나갔지요.

숫자 체계를 정립한 수학자 알고리즘

오늘날 **숫자**를 쓰는 방법이 널리 알려지게 된 것은 단 한 명의 수학자 덕분이에요. 그 수학자의 이름은 바로, 12세기 전 현재의 아프가니스탄에서 살았던 **무함마드 이븐무사 알콰리즈미**예요. 알콰리즈미는 두 가지 수학 분야인 **대수학**과 **알고리즘**도 발명했어요.

가장 중요한 업적이 담긴 책

820년경, 알콰리즈미는 『완성과 균형에 의한 계산 개론』, 아랍어로 『알자브르 왈 무카발라』라고 불리는 책을 썼어요.

알콰리즈미는 책 제목 **알자브르**에서 따서 **대수학(algebra)**으로 알려진 계산 방법을 만들었어요. '알자브르(algabr)'는 **흩어진 것들의 묶음** 또는 **결합**을 의미해요.

알콰리즈미의 연구는 **힌두** 숫자를 사용하던 초기 **인도** 수학에 기반을 두었어요. 후에 이 책이 번역되면서 조금 수정된 숫자 체계가 **유럽**과 **전 세계**에 널리 퍼졌어요.

힌두 숫자	०	१	२	३	४	५	६	७	८	९
아라비아 숫자	٠	١	٢	٣	٤	٥	٦	٧	٨	٩
초기 유럽 숫자	O	I	2	3	8	Գ	6	ʌ	8	9
현대 숫자	0	1	2	3	4	5	6	7	8	9

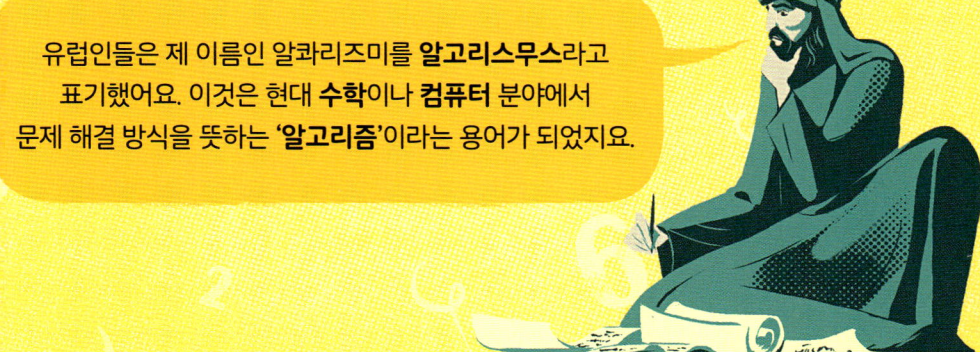

유럽인들은 제 이름인 알콰리즈미를 **알고리스무스**라고 표기했어요. 이것은 현대 **수학**이나 **컴퓨터** 분야에서 문제 해결 방식을 뜻하는 '**알고리즘**'이라는 용어가 되었지요.

하늘만큼 높은 야망이
최초의 비행을 이루다

1903년 이전에는 그 누구도 **엔진으로 움직이는 비행기**를 타고 날거나 조종해 본 적이 없었어요. 미국 오하이오주에 사는 두 형제는 현실을 바꾸어 보기로 마음먹었지요.

오빌 라이트와 **윌버 라이트** 형제는 자전거 가게를 운영하고 있었어요. 그러나 라이트 형제의 진정한 꿈은 **하늘을 나는** 거였어요. 다른 발명가들이 엔진이 달린 비행기를 만들었지만, 날기에는 너무 무거웠고, 설사 하늘에 띄운다 해도 조종할 방법이 없었어요.

글라이더에서 비행기까지

1902년에 형제는 새로운 **비행기**를 개발하기 위해 700대가 넘는 무인 **글라이더**를 날리며 실험을 했어요.

1년 후, 라이트 형제는 **'라이트 플라이어'**라는 비행기를 설계했어요. 날개를 움직일 수 있어 비행 중에도 조종이 가능하고, **가벼운 엔진을** 이용해 **프로펠러**를 돌렸지요.

1903년 12월 17일, 노스캐롤라이나주

형제는 라이트 플라이어를 가지고 노스캐롤라이나주의 한 마을, **키티호크**로 갔어요. 언제나 바람이 불고 모래사장이 있어 안전하게 착륙할 수 있는 곳이었지요. 이곳에서 오빌은 12초 동안 약 37미터를 날았어요. **최초로** 사람이 동력 비행기를 조종하여 하늘을 난 거예요!

형제는 몇 년 동안 비행기의 설계를 개선했어요. 그 결과, 연료가 다 떨어질 때까지 30분 이상 하늘을 날 수 있게 되었어요. 이로써 엔진 동력 비행기의 시대가 열렸어요.

전기를 이용할 수 있게 되다

1800년대 초, 몇몇 과학자들이 전기에 대해 실험하기 시작했어요. 물리학자 **마이클 패러데이**는 전기의 신비한 힘을 누구보다 잘 이해하고 있었지요.

패러데이는 런던에 있는 자신의 실험실에서 아주 중요한 발견을 했어요. **전기**와 **자기**가 서로 어떻게 관련되어 있는지, 또 이 놀라운 힘을 어떻게 사용할 수 있는지 말이에요.

패러데이는 한 실험에서 U자 모양 자석의 양극 사이에 놓인 전선 다발을 회전시켰어요. 패러데이는 전선이 움직이면 **자기장에서** 전기가 만들어진다는 사실을 알았어요.

또 다른 실험에서 패러데이는 전선에 연결된 자석을 수은에 담갔어요. 수은은 실온에서 액체 상태로 존재하는 금속이에요. 전기를 흘려보내자 자석이 회전하기 시작했어요. 이것이 **최초의 전기 모터**예요.

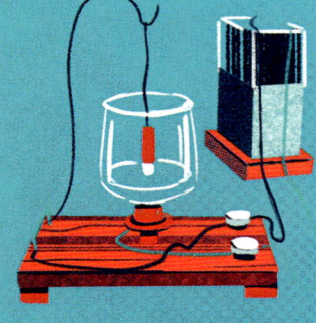

그런 다음, 패러데이는 자석의 양극 사이에서 구리판을 회전시켜 전류를 만들었어요. 이것이 바로 **최초의 발전기**지요.

패러데이의 발견은 전기가 **기계를 움직일 수 있다**는 사실을 보여 주었어요. 이 연구로 수많은 현대 기술이 발달할 수 있었어요.

불의 비밀을 밝히다

1700년대 후반까지 물체가 어떻게, 왜 타는지 아무도 알지 못했어요. 한 과학자가 물체가 **연소**하는 이유를 발견하고, 그 과정에서 **새로운 화학 원소**를 찾아내었지요.

1772년 이전

대부분의 과학자가 **불은 알 수 없는 원소**에 의해 발생하며, 그 원소는 **연소**하며 사라진다고 믿었어요.

프랑스의 화학자 **앙투안 라부아지에는** 그렇게 생각하지 않았어요. 라부아지에는 어떤 물질을 공기 중에 태운 후, 남은 물질이 **산성**을 띤다는 사실을 알게 되었어요.

라부아지에는 물질이 연소하려면 반드시 **공기 중**에 있는 무언가와 **결합**해야 한다고 추측했어요. 그 물질을 산을 발생시킨다는 의미에서 '**산소**'라고 불렀어요.

라부아지에는 밀폐된 병 속에서 물질을 태우고, 전후 **질량**을 비교했어요. 연소하기 전과 새로운 물질이 생성된 후에도 질량은 **같았어요**. 즉, 연소하며 **사라진 것은 아무것도 없었지요**.

이 실험으로 라부아지에는 과학의 법칙 중 가장 중요한 **질량 보존 법칙**을 만들어 냈어요.

1789년

라부아지에는 **최초의 화학 교과서**를 썼어요. 이 책에는 라부아지에가 발견한 33개의 원소들과 화학 물질의 이름을 붙이는 '**명명법**'이 담겨 있지요. 과학자들은 지금까지도 이 명명법을 사용해요.

전기와 자기에 관한 훌륭한 생각들

우리가 오늘날 누리고 있는 많은 기술의 혜택은
어떤 훌륭한 물리학자의 발견 덕분이에요.

1873년, 영국의 물리학자 **제임스 클러크 맥스웰**은 **전기**와 **자기**의 상호 작용을 설명하는 네 가지 방정식을 발표했어요. 이를 '**맥스웰 방정식**'이라고 부르지요.

맥스웰은 전기와 자기가 모두 **물결**처럼 파동으로 움직인다는 것을 증명했어요. 이 힘은 현재 '**전자기파**'라고 불리지요. 맥스웰는 **빛** 또한 전자기파의 한 형태라는 것도 알게 되었어요. 나중에 과학자들은 다른 종류의 전자기파도 발견했어요.

여기서 보여 주는 전자기파의 전체 범위를 '**전자기파 스펙트럼**'이라고 해요.

감마선 (원자 크기보다도 짧은 파장을 가져요.)

엑스선 (물질을 잘 통과하지만 몇몇 물질은 통과할 수 없어요.)

자외선 (사람 눈에 보이지 않지만 해를 끼칠 수 있어요.)

가시광선 (파장의 길이에 따라 여러 색깔로 나누어져요.)

적외선 (뜨거운 물체에서 나와요.)

마이크로파 (파장이 긴 전자기파에요.)

전파 ('라디오파'라고도 불리며, 신호나 메시지를 전달하는 데 사용하는 아주 긴 파장이에요.)

저의 발견은 라디오, 텔레비전, 위성 및 스마트폰과 같이 전자기파를 활용한 기술의 발명으로 이어졌지요.

눈 덮인 산책로가 노벨상으로 이어지다

1930년대 과학자들은 물질을 구성하는 가장 작은 단위인 **원자를 쪼개어** 그 내부에서 **에너지를 방출**하는 방법을 찾기 위해 서로 경쟁하고 있었어요. 다른 과학자들이 갈피를 잡지 못하고 있을 때, 한 물리학자가 아주 중요한 일을 해냈지요.

1938년 독일

물리학자 **리제 마이트너**는 오토 한과 함께 **방사능**을 연구하고 있었어요. 그러나 독일의 지도자 아돌프 히틀러가 **유대인들을 박해**하자, 유대인이었던 마이트너는 가족과 함께 스웨덴으로 달아나야 했어요.

스웨덴의 겨울

한은 무거운 방사성 원소인 우라늄에 작은 입자를 **충돌**시키는 실험을 하고 있었어요. 이 과정에서 가벼운 방사성 원소인 바륨이 생겨났지만, 그 이유를 알 수 없었지요. 한은 마이트너에게 **편지**를 보내 도움을 요청했어요.

마이트너는 물리학자 오토 프리슈와 함께 눈길을 걷다가, 무거운 **우라늄** 원자가 두 개로 **분열되어** **바륨**을 포함한 가벼운 원소를 만들어 낸 것이라고 추론했어요. 한이 연구 결과를 발표한 바로 그다음 날, 마이트너와 프리슈도 둘의 아이디어를 발표했어요.

나중에 한은 원자핵의 분열에 관한 연구로 **노벨상**을 받았어요. 전문가들은 마이트너도 함께 상을 받았어야 했다고 생각해요.

16 조지라고 불릴 뻔한 새로운 행성을 발견하다

아주 오래전부터 점성술사나 **천문학자**들은 고개를 들어 밤하늘을 가로질러 움직이는 다섯 개의 큰 물체를 보곤 했어요. 고대 그리스인은 그것들을 '**행성**'이라고 불렀고, 로마인은 수성, 금성, 화성, 목성과 토성이라는 이름을 붙여 주었지요. 그 누구도 이 행성들 외에 무언가 더 있을 것이라 상상하지 않았어요. 한 천문학자가 망원경으로 새로운 발견을 하기 전까지는요.

1774년 영국
독일에서 태어난 음악가 **윌리엄 허셜**은 **천문학**에 관심을 가지면서 **망원경**을 직접 만드는 법을 배웠어요. 그리고 정원에서 밤하늘을 바라보며 시간을 보냈지요.

7년 후
1781년, 윌리엄은 별을 관찰하다가 희미하고 둥근 무언가를 발견했어요. 다른 천문학자들은 이 소식을 듣고 지금까지 **알려지지 않은 행성**일 것이라고 의견을 모았어요.

행성 이름이 조지?
윌리엄은 당시 영국 국왕이었던 **조지 3세**를 따서 행성의 이름을 짓고 싶었어요. 하지만 천문학자들은 **천왕성**으로 결정했지요. 그럼에도 조지 왕은 매우 기뻐하며 윌리엄에게 '**국왕 직속 천문학자**'라는 직위를 주었어요.

남은 생애 동안 윌리엄 허셜은 밤하늘에서 토성과 천왕성 주위를 도는 **위성**뿐만 아니라 다른 **수천 개**의 새로운 천체들을 발견했어요.

17 혜성 덕분에 급여를 받게 된 과학자

캐롤라인 허셜은 오빠 윌리엄의 일을 도우며 천문학을 배웠어요.
하지만 얼마 지나지 않아 놀라운 **발견**을 했지요.
그중 하나는 우주를 떠돌아다니는 얼음 덩어리인 '**혜성**'이었어요.
어찌나 인상 깊은 발견이었던지 두 명의 왕이 캐롤라인에게 상을 주었답니다.

첫발을 내딛다
처음에 캐롤라인은 윌리엄의 작업을 도왔어요.
망원경 렌즈를 관리하거나 윌리엄이 하늘에서
관찰한 것들을 **자세하게 기록**하는 등
숙련된 기술이 필요한 일이었지요.

독립하다
그러던 1783년, 윌리엄은
캐롤라인에 망원경을 만들어 주어
캐롤라인이 **마음껏** 하늘을
살펴볼 수 있게 해 주었어요.

엄청난 발견
1786년, 캐롤라인은 빛을 내며 하늘을 가로질러 날아가는
물체를 발견했어요. 최초로 **혜성**을 발견한 거예요.
캐롤라인은 그것을 **혜성 C/1786 P1(허셜)**이라고 이름 붙였어요.
이 발견으로 하룻밤 사이에 유명해졌지요.

1년 후, **조지 3세**는 캐롤라인에게 급여를 주었어요.
캐롤라인은 영국 최초로 **급여를 받는 여성 과학자**가 되었지요.
이후로도 많은 혜성과 가스 구름 그리고 성단을 발견했어요.
1846년, 프로이센의 왕 **프레더릭 윌리엄 4세**는
캐롤라인에게 과학 금메달을 수여했어요.

원자 안에서 전자를 발견하다

1897년 영국의 물리학자 조셉 존 톰슨은 **원자** 내부에서 아주 미세한 입자인 **전자**를 발견했어요. 이전까지 과학자들은 원자가 가장 작은 입자라고 여겼어요. 톰슨은 전자가 원자 전체에 퍼져 있을 것이라고 생각했어요. 하지만 다른 과학자들은 여러 형태의 원자 **모형**을 제안하며 전자가 원자 내부 어디에 존재하는지 증명하려 했어요.

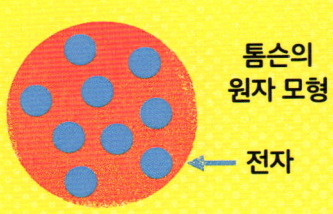

톰슨의 원자 모형
← 전자

1909~1911년 영국

뉴질랜드 물리학자 **어니스트 러더퍼드**는 원자를 향해 작은 입자를 쏘아 보았어요. 만약 톰슨의 원자 모형이 맞다면, 입자들은 원자를 **통과**할 것이라고 추측한 것이지요. 하지만 상당수의 입자가 **튕겨 나왔어요**. 원자 내부에서 무언가 단단한 물체에 부딪힌 것처럼 말이에요.

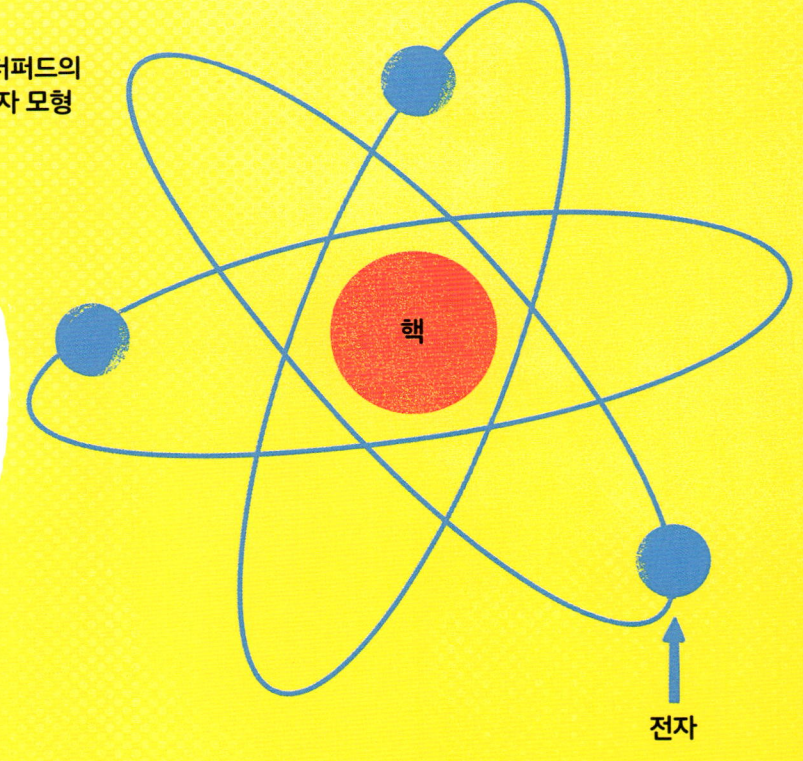

러더퍼드의 원자 모형

핵

↑ 전자

> 저는 실험으로 원자의 중심에 **무거운** 덩어리, 즉 **핵**이 있다는 사실을 밝혔지요.

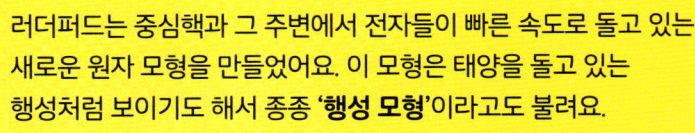

러더퍼드는 중심핵과 그 주변에서 전자들이 빠른 속도로 돌고 있는 새로운 원자 모형을 만들었어요. 이 모형은 태양을 돌고 있는 행성처럼 보이기도 해서 종종 '**행성 모형**'이라고도 불려요.

또 다른 주장

1912년 덴마크의 물리학자 **닐스 보어**는 러더퍼드가 제안한 것처럼 전자가 빠른 속도로 돈다면, 전자는 **에너지를 잃고** 핵으로 빨려 들어가 충돌하고, 결국 원자가 **붕괴**할 것이라 주장했어요.

그래서 보어는 전자가 핵 주변에서 일정한 거리, 즉 **궤도**를 따라 **돌고 있는** 다른 원자 모형을 제시했어요.

보어는 전자가 궤도 사이를 **이동**할 수 있고, 이때 '양자'라고 불리는 특정한 양의 에너지를 잃거나 얻는다고 주장했지요.

보어의 원자 모형

전자 →

핵

오늘날 과학자들은 원자가 아래 그림처럼 보일 것이라 생각해요.

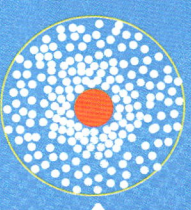

이것들은 실제 전자가 아니라, 전자가 존재할 확률을 보여 주는 거예요.

놀라운 발전으로 이어지다

보어의 연구는 아인슈타인(12쪽을 보세요)을 비롯한 다른 과학자들과 함께 가장 작은 입자를 연구하는 새로운 분야인 **양자 물리학**을 탄생시키는 데 큰 역할을 했어요.

또 다른 모형

이후 연구를 통해, 원자 안 전자의 움직임이 보어의 생각처럼 예측되지 않는다고 알려졌어요. 즉, 원자의 위치는 정확히 파악하기 힘들어요.

우주를 새로운 눈으로 바라보다

최초의 **망원경**은 1608년에 만들어졌어요. 이 관측 도구는 천문학에 혁명을 불러일으켰고, 덕분에 천문학자들은 더 멀리 떨어진 우주를 더 자세하게 관찰할 수 있게 되었어요. 이 새로운 발명품의 선구자 중에는 이탈리아의 천문학자이자 물리학자인 **갈릴레오 갈릴레이**가 있어요.

1609~1610년, 많은 발견이 이루어지다

갈릴레이는 직접 망원경을 개발해 사용하기 시작했어요. 덕분에 **달**에 난 수많은 **분화구**와 **산**을 관찰할 수 있었어요. 그때까지 사람들은 달이 부드럽고 반투명한 표면을 가진 완벽한 구체라고 믿고 있었지요.

달

갈릴레이는 **목성**을 공전하는 **4개의 위성**을 발견했어요. 또 **금성**이 달처럼 위상 변화를 일으키는 것도 관찰했지요.

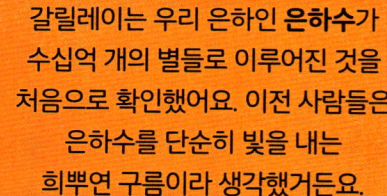

갈릴레이는 우리 은하인 **은하수**가 수십억 개의 별들로 이루어진 것을 처음으로 확인했어요. 이전 사람들은 은하수를 단순히 빛을 내는 희뿌연 구름이라 생각했거든요.

목성과 위성들
금성의 위상 변화

갈릴레이는 관측을 통해 행성들이 **태양** 주변을 돌고 있다는 사실을 증명했어요. 하지만 그 당시 사람들은 온 우주가 **지구**를 중심으로 돈다고 믿고 있었어요.

갈릴레이의 주장은 권위에 대한 위협으로 여겨졌어요. 결국, 갈릴레이는 1633년에 재판을 받고 나머지 일생을 집에 갇혀 살아야 했지요.

멸종을 처음 제안한 화석 전문가

1700년대 후반까지 과학자들은 알 수 없는 동물의 뼈가 발견되었을 때, 아직 탐험하지 않은 지역에 사는 동물의 것이라 추정했어요. 그러나 프랑스의 동물학자 **조지 퀴비에**는 새로운 생각을 떠올렸지요.

흥미로운 뼈

1796년, 퀴비에는 파리의 국립자연사박물관에서 **화석이 된 고대 동물의 뼈**를 보고 큰 관심을 가지게 되었어요.

그 뼈는 코끼리의 뼈와 **비슷**했지만 **큰 차이점**이 있었어요. 퀴비에는 뼈와 **일치**하는 동물을 찾아다녔지만 결국 찾을 수 없었지요.

이 뼈는 분명 코끼리를 닮은, 하지만 지금은 **사라진** 생명체인 매머드의 것이에요!

퀴비에는 어떤 종 전체가 모두 죽었을, 즉 **멸종**했을 가능성이 있다고 주장했어요. 메리 애닝(48쪽을 보세요)이 발견한 어룡의 흔적들은 퀴비에의 이론을 뒷받침해 주었지요.

퀴비에는 거대한 파충류인 **공룡**이 한때 지구를 지배했다는 이론도 내세웠어요. 퀴비에가 파리에서 연구했던 뼈만 남은 매머드처럼, 공룡도 멸종했지만 말이에요.

생명의 비밀을 발견하다

1869년, 세포 안에서 'DNA'라고 불리는 신비한 물질이 발견되었어요. DNA는 생명체를 이루는 아주 작은 기초 단위지요. 1950년대, 과학자들은 세포가 자기와 똑같은 세포를 **복사하듯이** 만들어 낼 수 있는 이유가 DNA 때문이라는 사실을 알아냈어요. 하지만 그 과정이 어떻게 일어나는지는 알 수 없었지요. DNA의 **구조**를 발견하기 전까지는 말이에요.

결정적인 증거

1952년, 영국의 화학자 **로잘린드 프랭클린**은 DNA 결정을 엑스선 사진으로 찍는 데 성공했어요.

당시의 최첨단 방법으로도 DNA가 어떻게 생겼는지 정확히 알 수 없었지만, 몇 가지 단서를 얻을 수 있었어요. 프랭클린이 찍은 가장 선명한 **사진**에는 흐릿한 선이 **X자** 모양으로 배열되어 있어요.

이 사진으로 프랭클린은 DNA가 **두 갈래로 꼬인** 구조를 가지고 있을 것이라 추측했어요. 하지만 그 생각에 확신을 가지는 데 시간이 걸렸지요.

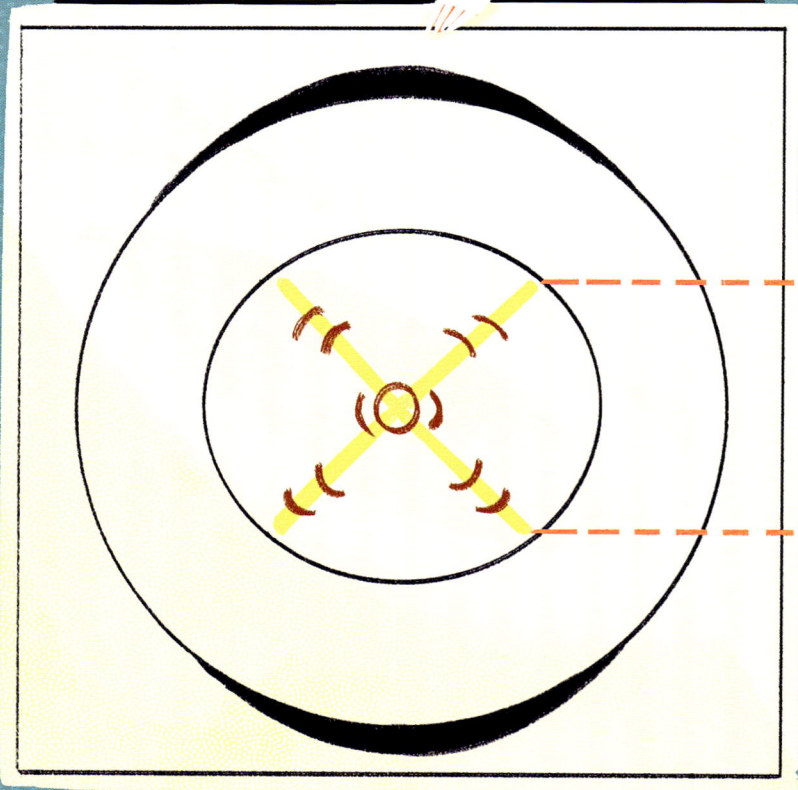

프랭클린의 사진은 다음과 같아요. X자 모양은 엑스선에 의해 생겨났어요. 적갈색 선으로 나타난 자국들이 엑스선이 DNA 결정을 가로질러간 자리에요. 점선을 따라 옆의 그림을 보면 이 사진이 어떻게 DNA의 이중 나선 모양으로 그려지는지 확인할 수 있어요.

경쟁자들

생물학자 **제임스 왓슨**과 **프랜시스 크릭**이 프랭클린의 X선 사진을 보았을 때, 둘은 이미 영국의 다른 지역에서 DNA 구조를 연구하고 있었어요. 왓슨과 크릭은 프랭클린의 사진을 보고 DNA가 실제로 두 갈래로 꼬인 구조일 것이라 확신했어요. 둘은 이 구조를 **이중 나선**이라고 불렀지요.

왓슨과 크릭은 세포가 분열하기 시작할 때 이중 나선의 두 가닥이 **풀린다**는 것을 밝혀냈어요. 각각의 가닥에서 **새로운** 이중 나선이 만들어지고, 결국 **두 쌍**의 DNA가 생겨나는 것이지요. 세포가 두 개의 새로운 세포로 나누어질 때, 각각의 세포는 DNA를 하나씩 가지게 되어요. 이렇게 생겨난 세포들로 새로운 생명이 시작되지요.

전 세계의 주목을 받다

1953년, 왓슨과 크릭은 연구 내용을 발표하며 생명의 비밀을 밝혀냈다고 주장했어요. 나중에 왓슨과 크릭은 **노벨상**을 받았지만, 프랭클린은 제외되었어요. 많은 사람이 프랭클린의 중대한 업적이 제대로 알려지지 않았다고 생각해요.

완두콩 연구에서 시작된 유전학

부모는 머리카락 색깔이나 키 등 신체적 특성을 자녀에게 물려줘요.
하지만 누구도 이 현상이 어떻게 일어나는지 알지 못했어요. 체코의 성직자였던
그레고어 멘델이 **완두콩**을 연구해 그 해답을 찾기 전까지 말이에요.

간단한 실험

1856년에 멘델은 **녹색** 콩이 열리는 완두와
노란색 콩이 열리는 완두를 가져왔어요.
그리고 둘을 교배해 어떤 일이 일어나는지 관찰했지요.

놀랍게도…

…**모든** 자손(어린 식물)에서
노란색 완두콩이 열렸어요.

우성 또는 열성?

멘델은 연구 결과를 통해 **유전 인자**가 있을 것이라 확신했어요.
노란색 완두콩의 유전 인자는 **우성** 즉, 강하게 나타나며 초록색 완두콩의
유전 인자는 **열성** 즉, 약하게 나타난 것이에요. 멘델은 자손이 가진 특성은
각 부모로부터 하나씩 물려받은 **두 개의 유전 인자**로 나타난다고 결론 내렸어요.
녹색 완두콩이 열리려면 부모가 모두 열성 인자를 가져야만 가능했지요.

멘델은 1866년에 연구를 발표했어요. 당시에는 많은 사람이
무시했지만, 현재 과학자들은 멘델이 발견한 유전 인자를
유전자라고 부르며, 멘델이 '**유전학**'으로 알려진 과학 분야에
지대한 공헌을 했다고 인정하고 있어요.

옥수수에서 발견한 도약 유전자

1920년대에 **유전학**은 무척이나 새롭고, 발견해야 할 것이 가득한 분야였어요.
한 미국의 유전학자가 **옥수수 유전자**를 연구하며 발견한 놀라운 사실 덕분에
과학자들은 유전자가 어떻게 생물에 영향을 미치는지 더 잘 이해할 수 있게 되었어요.

1920년대~1950년대 미국

바버라 매클린톡은
옥수수 유전자를 연구하다가
같은 옥수수에서 다른 색깔의
알맹이들이 자라나는 것을
발견했어요.

매클린톡은 수백 개의 옥수수를 심고
신중하게 **유전자**를 연구하기
시작했지요.

매클린톡은 다양한 색의
옥수수 알맹이가
같은 유전자를 가지고 있지만,
다른 순서로 배열되어
있다는 것을 발견했어요.
매클린톡은 배열 순서에 따라
색상도 다르게 나타난다고
생각했지요.

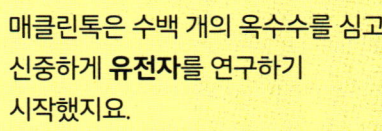

노란 알맹이의 유전자

빨간 알맹이의 유전자

도약 유전자의 발견

유전자는 한 줄로 길게 배열되어 있어요.
매클린톡은 유전자가 이 줄에서
튀어나와 자리를 바꿈으로써
어떤 특징을 **나타내거나 사라지게**
할 수도 있다는 사실을 발견했어요.

이 발견으로 매클린톡은 무척 기뻤지만,
이 연구가 인정받기까지 30년이라는
세월이 걸렸어요. 1983년, 마침내
매클린톡은 **노벨상**을 받았어요.

작은 새들이 어떻게 과학의 역사를 바꾸었을까

수 세기에 걸쳐 많은 과학자들이 놀랍도록 **다양한 생물**들을 살펴보며, 그중 몇몇은 왜 닮았고 몇몇은 왜 다르게 생겼는지 알아내려 노력했어요. 영국의 자연과학자 **찰스 다윈**은 그 답을 알아내기 위해 일생을 보냈어요. 그리고 다윈의 곁에는 '핀치'라고 불리는 작은 새의 도움이 있었답니다.

발견으로 이끈 항해

1831년, 22세였던 다윈은 **배를 타고 세계를 돌며** 수천 종의 식물과 동물을 관찰했어요.

태평양에 있는 갈라파고스섬에 도착했을 때, 다윈은 섬 곳곳에 **다양한 종류의 핀치**가 퍼져 살고 있는 것을 발견했어요.

핀치들은 서로 **다른 모양의 부리**를 가지고 있었고, **다른 종류의 먹이**를 먹었어요. 다윈은 왜 이러한 차이가 생겼는지 궁금했어요.

잎을 먹는 핀치의 부리

곤충을 먹는 핀치의 부리

애벌레를 먹는 핀치의 부리

씨앗을 먹는 핀치의 부리

핀치에서 비둘기로

1836년, 다윈은 영국으로 돌아와 **비둘기**를 키우기 시작했어요. 부모 비둘기가 가진 특성은 자손 비둘기에게 **전해지며**, 때때로 이 특성이 **과장되어** 나타난다는 사실을 발견했어요.

예를 들어, **날카로운 부리**를 가진 암수 비둘기는 **더 날카로운 부리**를 가진 새끼를 낳았어요. 다윈은 이와 비슷한 과정이 야생에서도 일어나고, 갈라파고스섬의 핀치는 단지 하나의 사례였음을 깨달았어요.

다시 비둘기에서 핀치로

야생에서는 날카로운 부리를 가진 핀치가 곤충을 잡는 데 유리할 거예요. 그 핀치는 뭉툭한 부리를 가진 다른 형제들보다 **더 많은** 먹이를 먹을 수 있고, **살아남기도** 쉬웠을 거예요. 다윈은 이러한 이론을 '**자연 선택**'이라고 불렀어요.

날카로운 부리를 가진 부모

날카로운 부리를 가진 핀치는 더 날카로운 부리를 가진 새끼들을 낳을 거예요. 그리고 이 새끼들은 살아남아 자손을 남길 확률도 크지요. 따라서 날카로운 부리를 가진 핀치가 **점점 더 많아지고** 나중에는 곤충을 먹는 핀치는 모두 날카로운 부리를 가지게 될 것이에요. 다윈은 이러한 이론을 '**진화**'라고 불렀어요.

날카로운 부리를 가진 부모

더 날카로운 부리를 가진 자손

시간이 흐를수록

다윈은 작은 변화들이 아주 오랜 시간 동안 쌓이면, **하나의 생물종이 다른 생물종으로 바뀔** 수도 있다는 생각이 들었어요.

1859년에 다윈은 자신의 생각을 『**종의 기원**』이라는 책에 담아 출간했어요. 다윈의 이론이 성서의 가르침에 어긋난다고 생각하는 사람들은 크게 반발했어요. 여전히 **자연 선택에 의한 진화**에 동의하지 않는 사람들이 있지만, 다윈의 이론은 대부분의 과학자들에게 자연 세계를 이해하는 **열쇠**가 되고 있어요.

폭발적인 명성을 얻은 과학자

손에 꼽을 정도로 소수의 과학자들이 자신의 이름을 딴 입자를 가지고 있지만, 새로운 입자를 발견해 살아 있는 동안 이름이 붙여진 과학자는 단 한 명뿐이에요. 바로, 영국의 물리학자 **피터 힉스**예요. 힉스는 '**대형강입자가속기(LHC)**'라고 불리는 커다란 기계를 사용해 새로운 입자를 발견했어요.

대형강입자가속기
입자의 경로

1950년대에 물리학자들은 가장 작은 입자에는 두 가지 유형이 있을 거라 생각했어요. 그것이 엔리코 페르미(56쪽을 보세요)의 이름을 딴 **페르미온**과, 사티엔드라 나드 보스(54쪽을 보세요)의 이름을 딴 **보손**이에요.

1964년, 힉스는 현재 '**힉스 입자**'라 불리는 보손의 새로운 형태를 **예측**한 여섯 과학자 중 한 명이었어요.

2010년, 스위스에 있던 물리학자들은 대형강입자가속기로 소립자를 검출하기 위한 실험을 했어요. 대형강입자가속기에서 입자들은 고리 모양의 터널을 지나며 **점점 더 빠르게 움직이다가**…

…서로 **충돌**하여 보손과 같은 여러 입자를 만들었어요.

2012년, 대형강입자가속기에 힉스 입자의 흔적이 남았어요. 이것은 힉스 입자가 존재한다는 최초의 **과학적 증거**가 되었고, 나는 금세 유명해졌지요.

월드와이드웹을 만든 과학자

1982년에 **인터넷**은 있었지만, 쉽게 사용하기가 힘들어 널리 사용되지 않았어요. 그때 한 과학자가 **월드와이드웹(WWW)**을 발명하여 모든 것을 바꾸어 놓았지요.

작은 출발점

초기의 인터넷은 대학과 기업에 있는 미국의 몇몇 IT **전문가**들 사이에서 정보를 공유하는 **소규모 컴퓨터 네트워크**에 불과했어요.

사용자가 다른 정보를 보려면 **컴퓨터**나 **프로그램**을 바꾸어서 확인해야 했지요.

새로운 세계가 열리다

1989년, 영국의 IT 전문가인 **팀 버너스 리**는 컴퓨터끼리 정보를 좀 더 쉽게 **공유**할 수 있도록 기존에 있던 **하이퍼텍스트(클릭 가능한 링크)**와 같은 기술을 활용했어요.

1991년에 버너스 리는 최초로 **웹 페이지**와 웹 페이지에 접속하기 위한 프로그램인 **웹 브라우저**를 개발했어요. **월드와이드웹**이 탄생한 거예요.

오늘날 **웹**은 소셜 미디어, 각종 오락물에서부터 사이버 범죄 및 왕따 등에 이르기까지 **좋은 면**과 **나쁜 면**을 모두 가지고 있어요. 여전히 해결해야 할 문제가 많이 있지만, 웹이 없는 생활은 이제 상상도 할 수 없지요.

눈으로 벼룩을 관찰한 과학자

현미경은 맨눈으로 보이지 않는 아주 작은 물체를 보는 데 사용하는 기구예요. 수백 년 동안 과학 연구에 필수적이었지요. **1590년**경에 발명된 것으로 알려진 현미경은 과학자들에게 놀라운 세계를 열어 주었어요.

1660년 영국

과학자 **로버트 훅**은 성능을 높인 현미경을 직접 설계했어요. 그 현미경에는 초점 조절 나사와 관찰하는 물체에 더 많은 빛을 반사시킬 수 있는 렌즈가 있었지요.

덕분에 아주 작은 부분도 확대해서 볼 수 있게 되었어요. 훅은 나무껍질을 관찰하여 그것이 마치 건물 안에 있는 여러 방과 같이, 작은 직사각형이 늘어선 구조로 이루어져 있다는 것을 알아냈어요. 그 구조를 라틴어로 '작은 방'이라는 뜻으로 **'세포'**라고 불렀어요.

훅은 자신이 관찰한 개미나 파리의 눈, 벼룩 같은 놀라운 자연의 모습을 **상세하게 그려** 책으로 출간해 선풍적인 인기를 끌었어요.

> 『마이크로그라피아』는 누구도 상상하지 못했던 숨겨진 세상이 존재한다는 사실을 사람들에게 보여 주었지요. 덕분에 더 많은 과학자들이 현미경을 사용하기 시작했답니다.

보이지 않는 것을 보이게 만드는 신비한 광선

19세기 후반까지 의사가 환자의 몸 안에 어떤 일이 일어나는지 알 수 있는 유일한 방법은 직접 환자의 몸을 열어 보는 것뿐이었어요. 그러던 1895년, 독일의 물리학자 **빌헬름 뢴트겐**은 의료 과학에 혁명을 일으키는 발견을 우연히 하게 되지요.

어두운 실험실에서

뢴트겐은 검은 종이로 싼 유리관에 전기를 흘렸을 때 무슨 일이 일어나는지 실험하고 있었어요. 그러다 갑자기 방의 반대편에서 밝게 빛나는 **빛**을 발견했어요. 그 빛은 **화학 물질**을 바른 작은 스크린에서 새어 나오고 있었어요.

뢴트겐은 유리관에서 빠져나온 **광선**이 스크린 화면의 화학 물질과 **반응**하여 빛이 발생했다는 것을 알았어요.

검은 종이로 덮인 유리관

뢴트겐의 **손**이 우연히 유리관과 스크린 사이를 지나갔고, 자신의 **뼈**를 볼 수 있었어요.

새로운 종류의 광선

그 광선은 손의 부드러운 부분을 통과했지만 단단한 뼈는 통과하지 못했어요. 뢴트겐은 알 수 없다는 뜻으로 이 신비한 광선을 '**엑스선**'이라고 불렀어요.

뢴트겐은 엑스선을 사용해 아내의 손 **사진**을 찍었어요. 뢴트겐은 **엑스선 사진**이 의사에게 아주 쓸모 있는 도구라는 것을 깨달았어요. 이후 엑스선 사진은 환자의 신체 내부를 조사하는 데 사용되지요.

그 누구도 몰랐던 **침팬지의 비밀**

1960년대까지 사람들은 **침팬지**가 단순하고 평화로운 동물이라고 생각했어요.
하지만 한 과학자가 침팬지를 **깊이 연구**하면서 모든 것이 바뀌었지요.

1960년, 영국의 생물학자 **제인 구달**은 탄자니아에서 **야생 침팬지** 무리를 연구하기 시작했어요. 수년 동안 구달은 침팬지들에게 **이름**도 지어 주었고(플로와 프로도를 포함해서) 놀라운 사실들도 발견했어요.

구달은 침팬지가 나뭇가지를 구멍에 넣어 흰개미를 사냥하는 모습을 보고 침팬지가 **도구**를 사용한다는 사실을 발견했어요.

침팬지는 **포옹, 입맞춤** 등 여러 몸짓을 통해 **감정**을 표현했지요.

다른 동물을 **사냥**하거나 **고기를 먹기 위해** 서로 힘을 합치기도 했어요.

인간만이 도구를 사용할 수 있고, 침팬지는 평화로운 **채식 동물**이라고 생각했던 과학자들은 **충격**을 받았어요.

1980년대에 침팬지를 **사냥**하고 서식지를 **파괴**하는 사람들 때문에, 침팬지는 **큰 위험**에 빠졌어요.

저는 침팬지를 **보호하기** 위해 **힘쓰고** 있어요.

최초로 전지를 발명한 물리학자

1700년대 후반, 대부분의 과학자들은 전기가 **생명체**가 만들어 내는 **신비한 힘**이라고 생각했어요. 이탈리아의 물리학자이자 화학자인 **알레산드로 볼타**는 화학 물질과 장비만 있으면 **간단하게** 전기를 만들 수 있다는 것을 처음으로 보여 주었어요.

1797~1800년 이탈리아

볼타는 실험을 통해 특정 **액체**에 담긴 두 개의 **다른** 금속에서 약한 **전류**가 만들어진다는 것을 발견했어요. 볼타는 다양한 금속을 소금물에 담가 보며 실험했는데, 그중 **아연**과 **구리**를 함께 사용했을 때 가장 좋은 결과가 나왔지요.

볼타는 헝겊 조각을 소금물에 적셔 아연판과 구리판 사이에 끼웠어요. 그리고 그것들을 여러 **층**으로 쌓았는데, 높이 쌓을수록 더 **강한** 전류가 만들어진다는 것을 발견했어요.

아랫부분과 윗부분을 전선으로 **연결**하면, 전류가 **흐르지요**.

헝겊
아연
구리
헝겊

이 실험으로 볼타는 **최초의 전지**를 발명했어요. 전지는 곧 전기를 만드는 주요 수단이 되었고, 오늘날까지 휴대용 장치에 전원을 공급하는 데 사용되고 있어요.

엑스선에서 방사능까지

1895년, 빌헬름 뢴트겐(37쪽을 보세요)은 특정한 물질에서 나오는 신비한 에너지인 **엑스선**을 발견했어요. 그리고 1896년에는 앙리 베크렐이 **'우라늄'**이라고 불리는 원소에서 비슷한 광선이 방출되는 것을 발견했지요. 발견에 발견이 이어지고 드디어!

1896년 파리

폴란드 출신의 물리학자 **마리 퀴리**는 우라늄을 더 자세하게 조사하기 시작했어요. 퀴리는 아직 발견되지 않았지만 비슷한 성질을 가진 원소가 더 있을 거라고 생각했어요.

퀴리는 우라늄처럼 광선을 방출하는 **암석**을 구해서, 우라늄처럼 반응하는 부분을 분리해 내기 위해 암석을 **분쇄**하고 **가열**했어요.

1898년 7월

퀴리는 드디어 광선을 내뿜는 **새로운 원소**를 발견했어요. 자신이 태어난 나라 폴란드를 따서 **'폴로늄'**이라고 이름 붙였지요. 몇 달 후, 퀴리는 비슷한 성질을 가진 또 다른 원소, **라듐**을 발견했어요.

Po 84
폴로늄

퀴리는 광선이 나오는 원소를 부르기 위해 **'방사성'**이라는 단어를 만들었어요. 현재는 광선이 아닌 **입자**를 방출하는 것으로 알려져 있지요.

보상을 받다

1903년, 퀴리는 함께 방사능을 연구한 남편 피에르 퀴리, 그리고 앙리 베크렐과 함께 **노벨 물리학상**을 받았어요.

이후 1911년에도 **노벨 화학상**을 수상하여 두 번의 노벨상을 수상한 최초의 과학자가 되었지요.

Ra 88
라듐

치명적인 방사능

퀴리는 거의 모든 시간을 **보호 장비 없이** 지냈어요. 방사성 물질을 주머니와 책상 서랍에 보관하기도 했지요.

1934년, 세상을 떠날 때까지 퀴리는 방사능에 **노출**되어 몸 상태가 좋지 않았어요. 당시에는 그 누구도 방사능이 **위험하다는 걸** 알지 못했어요.

오늘날에도 퀴리가 사용했던 **공책**이나 **옷**은 여전히 방사능을 방출하고 있어서 사람들에게 피해가 가지 않도록 납 용기에 넣어서 **보관**하고 있어요.

지진을 이용해 지구 내부를 알아내다

1930년대 이전, 과학자들은 지각 아래가 **단단한 맨틀**과 **액체 상태의 핵**으로 이루어졌다고 믿었어요. 하지만 덴마크의 지진학자 **잉게 레만**의 논리적인 추론과 신중한 계산 덕분에 모든 것이 바뀌었지요.

1929년 뉴질랜드
강한 지진이 일어나, '**충격파**'라고 불리는 진동이 세계 곳곳에 전해졌어요.

뜻밖의 결과
레만은 충격파가 지각과 맨틀을 통과한 뒤, 액체 상태인 핵을 통과하며 **구부러질** 것이라 예상했어요.

그러나 뉴질랜드에서 전해진 충격파가 핵 일부에 **부딪혀 되돌아오는 것** 같아 보였어요. 레만은 핵 일부가 **고체일지도 모른다는** 생각이 들었어요.

지진
지각
맨틀
충격파
액체 상태의 외핵
고체 상태의 내핵

레만은 자신의 생각을 발표했고, 대부분의 과학자가 동의했어요. 과학자들은 이제 지구의 내핵이 금속인 **철**과 **니켈**로 이루어져 있다고 생각해요.

LED가 빨간색에서 파란색과 흰색으로 바뀐 이유

많은 과학자들이 힘을 합쳐 TV 리모컨에서 광케이블에 이르기까지 모든 분야에서 사용되는 작은 조명인 발광다이오드 (LED)를 연구하고 있었어요. 그중 **나카무라 슈지**는 **청색**과 **백색** LED를 개발하여 대량 생산에 성공했어요.

첫 번째 시도

1960년대 과학자들은 **반도체**인 합성 갈륨비소에 전기를 통과시켜 최초의 효율적인 LED 조명을 만들었어요. 이것은 **붉은색**으로 빛났지요.

다른 발명으로 이어지다

1970년대에 **노란색, 녹색** 또는 **파란색** 빛을 내는 다른 반도체가 발견되었어요. 그러나 질화 갈륨을 사용하는 청색/녹색 LED는 너무 희미하여 사용하기 힘들었어요.

1980년대~1990년대 일본

전기공학자 나카무라는 반도체를 연구하는 과학자인 아카사키 이사무, 아마노 히로시와 함께 질화 갈륨을 밝은 **파란색**으로 빛나게 하는 데 성공했지만, 대량 생산하기에는 그 과정이 너무나 복잡했지요.

1993년 나카무라는 밝은 파란색 LED를 공장에서 쉽게 생산할 수 있는 방법을 찾아어요. 그 후, **노란색 형광 물질**을 덧칠하면 파란색 LED가 **흰색**으로 바뀐다는 것도 알아냈지요.

상을 받다

밝은 백색 LED는 스마트폰 스크린, LED TV와 저전력 LED 조명을 포함한 **새로운 기술**을 가능하게 해 주었어요. 2014년 나카무라, 아카사키, 아마노는 **노벨 물리학상**을 받았어요.

우연히 망원경으로 발견한 빅뱅의 증거

1927년, 벨기에의 성직자이자 물리학자인 조르주 르메트르는 하나의 작은 점에서 **폭발**이 일어나 **우주**에 존재하는 모든 것이 만들어졌다고 주장했어요. 이 이론은 **'빅뱅'**으로 알려졌어요. 빅뱅의 첫 번째 증거는 망원경 덕분에 우연히 발견되었어요.

전파를 잡아내다

1964년, 미국의 천문학자인 **아노 펜지어스**와 **로버트 우드로 윌슨**은 먼 우주에서 오는 **전파**를 관측할 수 있는 거대한 **망원경**을 사용했어요.

웅웅거리는 소리

펜지어스와 윌슨은 망원경에서 알 수 없는 **잡음** 신호를 감지했어요. 잡음이 근처에 있는 뉴욕시의 라디오 전파 때문이라고 생각했지만 사실이 아니었어요.

깨끗하게 청소하다

펜지어스와 윌슨은 안테나를 점검하다가 박쥐와 비둘기 **배설물**이 쌓여 있는 것을 발견했어요. 하지만 배설물을 모두 청소한 후에도 잡음은 사라지지 않았어요.

우주 배경 복사

펜지어스와 윌슨은 잡음이 아마도 빅뱅의 흔적으로 남은 아주 희미한 **방사선**일지도 모른다고 생각했어요. 다른 물리학자들도 '**우주 배경 복사**'라고 불리는 이 방사선을 찾는 중이었어요.

확인하다

펜지어스와 윌슨이 연구 결과를 발표하자, 다른 과학자들은 그들이 실제로 우주 배경 복사를 관측한 것이라고 인정했어요. 빅뱅의 첫 번째 **직접적인 증거**였지요.

이 연구로 펜지어스와 윌슨은 1978년에 **노벨 물리학상**을 받았어요.

역사를 바꾼 한 통의 전화

1876년 3월 10일은 과학 역사상 가장 중요한 날 중 하나예요. 스코틀랜드의 발명가 **알렉산더 그레이엄 벨**이 최초로 전화 통화에 성공한 날이거든요.

수많은 과학자들이 한 장소에서 다른 장소로 **목소리를 전달**하는 방법을 찾으려 했지만, 성공한 것은 벨이 처음이었어요. 벨은 소리가 만들어 내는 **진동**을 **전기**로 바꾸었다가 다시 소리로 바꾸는 장치를 만들었어요.

벨이 장치의 윗부분에 대고 말하면, 소리가 내부에 있는 막을 진동시켜 전류에 변화가 일어났지요.

전선을 따라 전류가 흘렀어요.

진동에 따라 변하는 전류는 수화기의 진동판을 울리고 이것은 다시 소리로 바뀌었어요.

벨은 조수 토마스 왓슨에게 **자신의 말을 전달하는 데 최초로 성공**했어요.

> 왓슨, 이리로 오게. 자네를 만나고 싶네.

벨의 발명품은 **빠르게 퍼져나갔어요**. 다른 발명가들은 더 성능이 좋은 전화기를 설계하고, 먼 거리에서도 통화할 수 있는 방법을 개발했지요. 오늘날 전 세계 인구의 3분의 2가 전화기를 사용하여 연락을 주고받고 있어요.

아마존을 탐험한 **식물학자**

대부분의 현대 과학자들은 초등학교를 시작으로 대학교, 연구실을 거치면서 전문성을 쌓아요. 하지만 멕시코계 미국인 **식물학자 이네스 메시아**는 55세가 될 때까지 과학과 전혀 상관없는 삶을 살았어요. 그럼에도 불구하고 메시아는 500종이 넘는 새로운 식물을 채집했고, 그중 50개는 메시아의 이름을 따서 이름 붙여졌어요.

모험의 시작
1925년, 메시아는 야생 식물을 채집하기 위해 **멕시코** 서부로 출발했어요.

메시아는 이 여행에서 **500개가 넘는 식물을** 모았어요.

그 후 13년 동안…
메시아는 알래스카에서 칠레 남부 끝까지 두루 다니며 수천 개의 식물을 수집했어요. 2년 반 동안 **아마존 강**을 전부 탐험했지요.

그 이후로도…
메시아는 자신이 찾아낸 것을 모두 **대학교**에 보냈어요. 메시아가 첫 여행을 떠난 지 100년이 흘렀지만, 식물학자들은 아직까지도 메시아가 발견한 식물들을 **검토**하고 **분류**하고 있어요.

지구의 생물체를 바라보는 새로운 시각

불과 200년 전만해도 누구도 공룡과 다른 선사 시대 생물이 존재했었다는 사실을 알지 못했어요. **매리 애닝**이라는 한 여성이 아주 놀라운 발견을 하기 전까지 말이지요.

1810년, 애닝은 11세부터 가족의 생계를 위해 **영국 남부**의 **라임 레지스** 해변에서 **화석**을 주어다가 팔았어요. 애닝은 사람들의 **호기심**을 끄는 **선사 시대** 흔적을 구하기 위해 가파른 절벽을 샅샅이 뒤지고, 벌어진 암석을 부수었어요.

과거에 살았던 생명체들

1812년, 애닝은 날카로운 이빨과 기다란 몸을 가진 파충류의 뼈를 발견했어요. 그때까지 **누구도 알지 못했던** 생물이었지만, 지금은 물고기 도마뱀을 뜻하는 **'어룡'**으로 부르고 있지요.

어룡

어룡은 한때 지구에 살던 동물이 **멸종**되었다는 이론을 증명하는 데 큰 도움을 주었어요.

애닝은 35년 동안 계속 화석을 찾아다녔어요. **'익룡'**이라고 불리는 하늘을 나는 파충류를 포함한 **수백 개**의 화석을 발견했어요.

익룡

그리고 물속에서 살았던 목이 긴 **수장룡**까지도요.

수장룡

그 당시 여성은 책이나 글을 쓸 수 없었기 때문에 애닝의 연구는 눈에 띄지 않았어요. 하지만 오늘날 가장 위대한 **고생물학자** 중 한 명으로 인정받고 있어요.

42 생물학자들의 연구 방식을 바꾼 성게

1900년경, 대부분의 생물학자들은 생물을 구성하는 작은 단위, 즉 **세포**가 **실험실**에 있든 **자연**에 있든 똑같이 행동한다고 생각했어요. 하지만 사실 어떤 세포는 실험실과 같은 인공 조건에서는 매우 다른 반응을 보인다는 걸 한 과학자가 알아냈어요.

1907년 미국 어니스트 에버렛 저스트는 미국에서 가장 유명한 대학 중 하나인 다트머스 대학교를 졸업했어요. 훌륭한 학생이었고 **상**도 많이 받았지요.

저스트는 **해양 생물학자**가 되기로 결심했어요. **성게**와 **연잎성게** 같은 해양 생물에서 **난자**를 채취해 실험했지요. 저스트는 난자의 발달 과정이 기존의 학설과 다르다는 사실을 발견했어요.

저스트는 **바다**와 **연구실** 두 장소에서 세포를 연구했어요. 그 후, 생물학자들이 실험실 조건을 최대한 **자연**과 같이 만들어야 하며, 그렇지 않다면 그 연구 결과는 신뢰할 수 없다고 주장했어요.

우리도 자연의 일부이기 때문에 자연이 아름답다고 느끼는 거랍니다

저스트의 연구는 살아 있을 동안에는 인정을 받지 못했지만, 오늘날 과학자들은 저스트의 연구가 매우 **중요하다는** 걸 깨닫고 있어요.

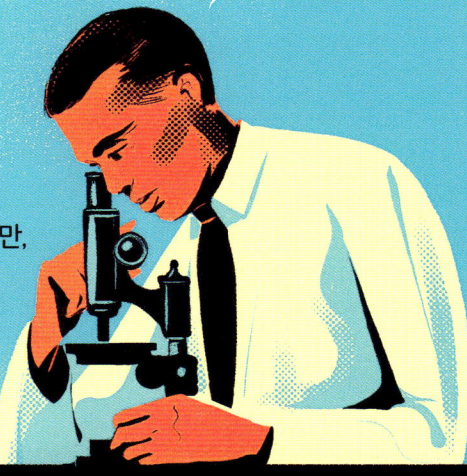

의학 법칙에 관한 책을 쓴 의사

고대에는 각 문화마다 의학에 대한 지식과 생각이 달랐어요.
약 천 년 전, **이븐 시나**라는 페르시아 의사가 의학의 모든 지식을 합쳐
한 권의 책을 만들려 했지요.

연구를 위한 여행

이븐 시나는 많은 것을 읽고 두루 공부했어요.
중동, 그리스, 인도 그리고 **중국**을 돌아다니며
가능한 한 다양한 **의료 체계**를 배우려 했지요.

약초학

화학

수술

해부

정통한 지식을 한 권의 책에 담다

1025년에 이븐 시나는 수집했던 모든 지식을 담은 책 『**의학정전**』을 완성했어요.
12세기에 이 책이 유럽으로 전해지면서 이븐 시나는 '**아비켄나**'라는 이름으로
알려졌어요. 『의학정전』은 500년 넘게 의학 교과서의 표본이 되었어요.

44 국물을 끓이면 상하지 않는 이유

프랑스의 화학자 **루이 파스퇴르**는 음식과 음료가 상하는 원인이 **미생물** 또는 **병원균**으로 알려진 작은 생물 때문이라는 것을 발견했어요. 이 이론을 증명하기 위해 파스퇴르는 실험을 시작했지요.

파스퇴르는 플라스크에 고기 수프를 넣고 끓여 기존의 병원균을 모두 **죽였어요**. 이것으로 완전하게 **멸균**된 깨끗한 상태가 되었어요.

그런 다음 플라스크를 **밀봉**해 다른 병원균이 들어오지 못하게 했어요. 그것을 **1년** 동안 그대로 두었지만 수프는 상하지 않았어요.

뚜껑을 열자 새로운 병원균이 들어와 수프는 **하루** 만에 탁해지고 상하고 말았지요. 파스퇴르는 현미경으로 병원균이 **가득 찬** 것을 확인할 수 있었어요.

한걸음 더 나아가다

1962년, 파스퇴르는 **저온 살균** 열처리 공정을 개발해 우유가 빨리 상하지 않게 막아 주었어요. 이 공정은 파스퇴르의 이름을 따서 '**파스퇴르 살균법**'이라고도 불려요.

파스퇴르는 병원균이 사람들에게도 질병을 일으킨다는 것을 증명하기 위해 실험을 계속했어요. 파스퇴르의 연구는 수많은 생명을 구했지요.

시대를 앞서간 천재 수학자의 아이디어

가끔 수학 천재라고 불리는 사람들이 나타나요. 천재들의 생각은 너무 **시대를 앞서간** 나머지, 수년이 흐른 뒤에야 사람들의 이해와 인정을 받기도 하지요. **스리니바사 라마누잔**도 그러한 천재들 중 하나였어요.

1900년대 초 인도

라마누잔은 수학에 뛰어난 재능을 보이며 **학교에서 상**도 받았지만, 일자리를 찾기 위해 노력해야 했어요. 그래도 틈날 때마다 떠오르는 수학적 **아이디어**와 **공식**을 공책에 써 넣었지요.

돌파구를 찾다

1913년 라마누잔은 영국 케임브리지 대학교의 여러 수학자에게 편지를 보냈어요. 고드프리 하디는 라마누잔의 뛰어난 능력을 알아보고 **일자리**를 제공해 주었어요.

라마누잔은 케임브리지 대학교로 자리를 옮겨 아이디어 중 일부를 **발표**했어요.

1918년에 라마누잔은 과학자로서는 최고의 영예 중 하나인 **왕립 학회** 회원이 되었어요.

갑작스러운 죽음

안타깝게도 라마누잔은 1920년, **32세의 나이**로 숨졌어요. 라마누잔의 훌륭한 수학 이론 대부분이 빛을 볼 기회조차 없었지요.

라마누잔의 아이디어는 **편지**와 **공책**에 살아 숨 쉬고 있어요. 그것들은 이제 **블랙홀**을 설명하는 데 도움을 주고 있지요. 그중 몇몇은 라마누잔과 라마누잔의 교수였던 하디를 따서 이름 붙여졌어요.

하디-라마누잔 수란 1729를 말해요. 이 숫자는 수학자의 흥미를 끄는 몇 가지 특징이 있어요. 라마누잔은 하디가 발견한 택시 번호판에서 처음으로 이러한 특징들을 찾아냈답니다.

달의 비밀을 밝힌 거울과 램프

예로부터 사람들은 **달**에 **그림자**가 드리우는 **월식**이 나타날 때마다 혼란에 빠졌어요. 몇몇 사람은 달을 먹는 신비한 동물 이야기로 이 현상을 설명하려고 했지요. 그러던 중 약 300년 전, 단 한 명의 과학자가 **진짜 원인**을 밝혀냈어요.

1780~1790년경 중국

왕 젠이라는 여성은 월식이 일어나는 동안의 태양, 지구, 달의 위치를 기록한 과학자들의 책을 보고 연구했어요.

직접 만들어 실험하다

왕 젠이는 월식 동안 실제로 어떤 일이 일어나는지 알아보기 위해 **모형**을 설치했어요. 지구를 나타내는 둥근 **식탁**과 그 옆에 달을 나타내는 둥근 **거울**을 놓고, 태양을 나타내는 **등**을 걸었어요.

왕 젠이는 등, 식탁 그리고 거울을 이리저리 움직여 보다가 지구가 태양과 달 **사이**에 있을 때 월식이 아주 드물게 일어나는 것을 발견했어요. 달 위로 지구의 **그림자**를 드리워 월식을 일으키는 것은 태양이었던 거예요.

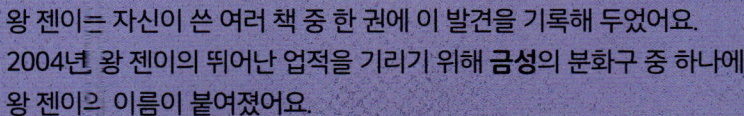

왕 젠이는 자신이 쓴 여러 책 중 한 권에 이 발견을 기록해 두었어요. 2004년 왕 젠이의 뛰어난 업적을 기리기 위해 **금성**의 분화구 중 하나에 왕 젠이의 이름이 붙여졌어요.

47 가스 구름의 이름 절반을 차지한 과학자

많은 사람이 **보손**이라고 불리는 입자는 들어 봤지만, 이것이 인도의 물리학자 **사티엔드라 나드 보스**의 이름에서 따왔다는 사실은 잘 몰라요. 보스의 이름은 아인슈타인과 함께 놀라운 성질을 가진 **가스 구름**을 설명하는 데 사용되고 있어요.

아인슈타인의 이론을 반박하다

1924년 보스는 유명한 물리학자 알베르트 아인슈타인(12쪽을 보세요)에게 편지를 보내 아인슈타인의 이론 중 하나를 뒷받침하는 **수학 계산**이 실험을 통해 나온 **증거**들과 일치하지 않는다고 지적했어요.

법칙을 바꾸다

보스는 **새로운** 방식의 **계산**을 제안했어요. 아인슈타인도 그 계산식이 문제점을 해결해 준다는 데 동의했지요. 아인슈타인은 일부 입자 그룹에서는 입자들을 서로 구별할 수 없다는 보스의 이론을 받아들였어요. 이 입자들은 현재 보스의 이름을 따 '**보손**'이라고 불리지요.

레이저 →

보스-아인슈타인 응축

구름으로 덮이다

아인슈타인은 모든 입자가 동일한 상태로 존재하는 과냉각 가스 상태의 **구름**을 상상해 보았어요. 이것을 **보스-아인슈타인 응축**이라고 이름 붙였어요.

1995년 과학자들은 **레이저**와 **자석**을 사용하여 최초로 보스-아인슈타인 응축 구름을 만들었어요.

48 빛의 속도를 잡은 물리학자

빛은 초속 30만 킬로미터의 속도로 이동해요. **정말로 엄청나게 빠르지요.** 하지만 한 과학자가 빛의 속도를 늦추고 심지어 멈추기까지 했어요. 그 사람은 바로 덴마크의 물리학자 **레네 하우**예요.

1997년 미국

하우는 보스-아인슈타인 응축에 **빛을 쏘는** 실험팀을 이끌고 있었어요. 빛은 구름을 통과하면서 속도가 느려졌어요. 이것은 그다지 놀라운 일이 아니에요. 빛은 물체를 통과하면 속도가 조금 느려지니까요. 그런데…

자석

…하우는 실험 장비를 조정해 빛의 속도를 시속 60킬로미터까지 늦출 수 있었어요. 자전거의 속도와 비슷한 정도였지요. 이 속도는 빛에 관련된 어떠한 기록들보다도 **가장 느린 것**이었어요.

자석

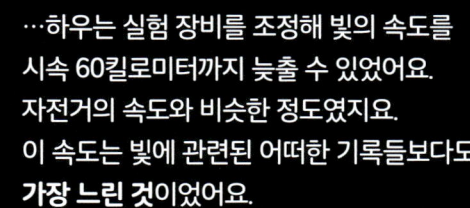

냉각 레이저

멈추어 세우다

2001년, 하우는 0.001초 동안 구름 내부에서 빛을 **정지시키는** 데 성공했어요. 이런 놀라운 일을 해낸 것은 하우가 처음이었지요. 많은 물리학자들이 **불가능**하다고 생각했던 것을 이루어 낸 거예요.

원자 안의 에너지를 사용하는 방법

1920년대~1930년대 사람들은 모든 물질을 구성하는 작은 입자인 **원자** 안에 엄청난 양의 **에너지**가 숨겨져 있다는 것을 알았어요. 다음 단계는 그 에너지를 어떤 방법으로 **꺼내느냐**였어요.

1934년 이탈리아

물리학자 **엔리코 페르미**는 아인슈타인의 **특수 상대성 이론**(13쪽을 보세요)에 따르면, 원자를 쪼개어 막대한 양의 **에너지를 만들** 수 있다고 처음으로 지적했어요.

페르미는 원자에 작은 입자를 **쏘아 충돌시키면** 원자의 성질이 바뀐다는 사실을 발견했어요. 이 연구로 **노벨상**을 받았지요. 나중에 이 작업이 **원자핵을 분열**시키는 일이었음을 깨달았어요.

> 이것은 최초의 원자로인 시카고 파일-1입니다.

1942년 미국

페르미는 **원자로**를 건설하는 과학자 팀을 이끌었어요. 원자로는 핵분열을 일으켜 발생하는 **에너지를 모을 수** 있도록 설계되었지요.

원자로는 하나의 원자가 분열하면서 주변의 원자와 충돌하고, 이에 의해 점점 더 많은 원자들이 분열할 것이라는 이론에 바탕을 두고 만들어졌어요. 페르미의 원자로는 **아주 적은 양**의 에너지를 생산해 냈지만, 가능성을 증명해 주었지요.

오늘날 원자력 발전소는 **전 세계**에서 사용하는 **전력의 약 10퍼센트**를 생산해요. 원자력 발전소는 모두 페르미가 75년 전에 보여준 것과 같은 핵분열 원리를 사용하지요.

자연계가 다시 하나로 모이다

1790년까지 과학자들은 자연계를 각각 다른 분야로 **나누어** 일반적으로 각자 하나의 분야만을 전문적으로 다루었어요. 그러나 한 과학자가 자연을 **전체**로 생각하고 더 큰 그림을 보려 했어요.

작은 출발에서…

독일의 자연과학자 **알렉산더 폰 훔볼트**는 어린 시절부터 조개, 식물, 곤충에 푹 빠져 지냈어요. 20대에는 유럽의 몇몇 지역을 여행하면서 식물, 바위 및 풍경을 연구했지요.

…큰 모험으로

1799년, 훔볼트는 배를 타고 남아메리카 대륙으로 향했어요. 이 여행으로 세상을 바라보는 시각이 바뀌었어요.

훔볼트는 수백 가지 **새로운** 종류의 **식물**과 **동물**을 기록하고, **날씨, 암석** 그리고 **사람**들에 관한 많은 **자료**를 남겼어요.

나무를 둘러싼 문제

베네수엘라에서 훔볼트는 **나무를 베는** 일이 얼마나 환경에 악영향을 미치는지 확인하고, 사람에 의한 **기후** 변화를 최초로 언급했어요.

생각들을 잇다

훔볼트는 항해를 통해 자연은 복잡하고 **서로 연결된 생태계**라는 사실을 깨달았어요. 이 생각은 후에 찰스 다윈(32쪽을 보세요)과 다른 과학자들에게 영향을 주었지요.

자연이 하나로 연결되어 있다는 것을 밝혀낸 겁니다.

날개를 펴고 과학자가 된 예술가

1669년, 네덜란드 과학자인 얀 슈밤메르담은 **곤충**이 여러 **발달 단계**를 거친다는 것을 증명했어요. 알에서 애벌레, 그리고 나비가 되듯이 말이에요. 이전 사람들은 각 단계가 다른 종류의 곤충이라고 생각했지요. 이런 곤충의 **한살이**를 자세히 연구하는 일은 예술가에서 과학자가 된 사람이 해냈어요.

1679년 독일

틈틈이 곤충을 연구했던 전문화가 **마리아 지빌라 메리안**은 곤충의 한살이를 담은 책을 출판했어요. 그 이후 더 많은 책을 그려냈지요.

번데기

완벽한 그림

메리안의 책은 상세한 **그림**과 **설명**으로 가득 차 있었어요. 메리안은 최초로 각각의 곤충이 좋아하는 **식물**을 기록하고, 곤충의 **암컷**과 **수컷**을 구분해 표시했어요.

애벌레

알

나비

종명: 옵시파네스 카시나 **메리아나에** (*Opsiphanes cassina merianae*)

원정을 떠나다

1699년 메리안은 **열대 곤충**을 연구하기 위해 원정대를 이끌고 남아메리카의 수리남으로 떠났어요. 조사한 것들을 아름다운 그림과 함께 책으로 펴냈고, 많은 과학자들이 이 책을 보고 영감을 얻었어요.

두 종류의 나비, 한 종류의 나방과 거미, 달팽이 등 몇몇 동물들이 **메리안의 이름을 따서** 이름 지어졌어요.

치명적인 세균을 발견한 의사

1860년대에 이르러서야 대부분의 과학자들이 작은 단세포 생물인 **세균**이 **질병**을 일으킬 수 있다는 사실을 알게 되었어요. 1880년대에 한 과학자는 더 나아가 두 가지 **치명적인** 질병, **탄저병**과 **결핵**을 일으키는 세균을 찾아냈지요.

1830년 독일

의사이자 생물학자였던 **로베르트 코흐**는 특정 질병을 일으키는 세균을 **정확히** 추적해 내려 했어요.

코흐는 환자들에게서 세균을 수집한 다음, '**한천**'이라는 **겔** 형태의 배양 물질이 담긴 둥글고 납작한 접시에서 증식시켰어요. 그 후 **기니피그**를 이 세균에 감염시켰지요.

코흐는 병든 기니피그에게서 **새로운 세균**을 얻어내 또다시 증식시켰어요. 새로운 세균이 **처음 세균**과 같으면 그 질병의 원인으로 확인할 수 있지요.

코흐의 **획기적인** 연구는 수많은 생명을 구한 의학의 발전으로 이어졌어요. **감염성 질병**의 원인을 찾기 위해 세균을 서로 비교하거나, **세균을 배양**하는 방법은 오늘날까지 사용되고 있어요.

우주의 지도를 다시 그린 천문학자

16세기 초, 대부분의 사람들은 **지구가 우주의 중심**에 있고, 태양, 달 그리고 다른 행성들이 그 주위를 빙빙 돈다고 믿었어요. 하지만 한 천문학자는 완전히 다른 생각을 했어요.

밤하늘을 관찰하다

폴란드의 천문학자인 **니콜라우스 코페르니쿠스**는 **달과 행성의 움직임**을 주의 깊게 연구하고 우주의 새로운 그림을 그렸어요.

1532년, 코페르니쿠스는 이론을 완성했어요. 우주는 지구를 중심으로 돌지 않는다. 지구가 **태양** 주위를 **돈다**.

> 제 이론이 발표되자, 많은 사람들이 지구가 단지 **평범한 행성**에 불과하다는 생각에 **충격**을 받고 **분노**했어요.

코페르니쿠스의 태양계

나중에 천문학자들은 코페르니쿠스의 주장이 옳다는 것을 증명했어요. 오늘날에는 '**코페르니쿠스 체계**'로 알려져 있어요.

뇌 속에 지도를 그린 과학자

수년간의 연구에도 여전히 인간의 두뇌는 베일에 싸여 있어요. 그러나 겉보기에 무척 간단한 질문인 '인간은 어떻게 길을 찾을까?'에 대한 답은 해결되었답니다.

쥐의 뇌에서 시작해서…

처음에 과학자들은 쥐의 뇌를 연구하여 인간의 뇌가 어떻게 작용하는지 밝혀냈어요. 2005년, 노르웨이의 신경 과학자인 **마이브리트 모세르**와 남편 에드바르는 쥐를 이용해 연구를 했어요.

모세르는 쥐가 **새로운 환경**을 탐색하는 동안 일어나는 **뇌의 활동**을 관찰했어요. **측두엽**으로 알려진 뇌 영역의 특정 세포가 매우 **활발**해진 것을 확인했어요.

이 세포는 뇌 안에 **격자 모양의 지도**를 만들어 쥐에게 현재 위치와 한 곳에서 다른 곳으로 가는 길을 기억할 수 있도록 했어요.

> 세포가 만든 격자 모양을 따서 **격자 세포**라고 이름을 붙였어요.

…사람의 뇌까지

계속된 연구로 사람도 격자 세포를 가지고 있다는 것이 알려졌어요. 모세르는 이 발견을 이용해 현재 **알츠하이머병**과 같은 기억 관련 질병에 관한 연구를 진행하고 있어요.

증기를 내뿜는 놀라운 발명품

18세기 영국의 기술자들은 **증기**를 사용하여 엔진을 움직이는 방법을 연구하기 시작했어요. 1712년, 영국의 철물상 토머스 뉴커먼은 광산에서 물을 퍼내는 증기 기관을 만들었어요. 그 후 1769년에 스코틀랜드의 발명가 제임스 와트는 공장에 전력을 공급하거나 바퀴를 굴리기 위해 증기 기관을 좀 더 효율적으로 개량했어요. 콘월 지방의 광산 기술자 **리처드 트레비식**은 한 걸음 더 나아갔지요.

1797년

트레비식은 와트의 엔진보다 **더 높은 압력**의 증기를 사용하는 엔진을 설계했어요. 덕분에 엔진이 더 작고 가벼워졌어요.

1801년

트레비식은 **최초의 증기 자동차**인 '퍼핑 데블'을 만들었어요. 크리스마스 이브에 친구들과 함께 퍼핑 데블을 몰고 콘월 지방의 캠본에 있는 언덕까지 올라갔지요.

1804년

2월 21일, 트레비식은 철도를 따라 짐을 실어 나르는 **증기 기관차**도 만들어 70명의 성인 남자를 태우고 16킬로미터의 거리를 움직였어요.

나중에 로버트 스티븐슨과 같은 기술자들이 화물을 더 멀리 더 빠른 속도로 실어 나를 수 있는 증기 기관차를 개발했어요. 하지만 트레비식은 **증기 기관차의 발명가**로 인정받고 있지요.

즐거움을 주고 생명까지 살린 발명품

1888년, 독일 물리학자 하인리히 헤르츠는 **전파**의 존재를 증명했어요.
그러나 헤르츠는 이 파동의 쓸모를 알지 못했어요.
전파는 다른 훌륭한 과학자에게로 넘어가
아주 쓸모 있는 **무선 통신 시스템**으로 다시 태어났답니다.

1894년 이탈리아
젊은 전기 공학자 **굴리엘모 마르코니**는 방의 반대편에 있는 **수신기**에 무선 전파 신호를 보내는 **송신기**를 만들었어요.

마르코니는 신호의 **강도**를 높이려고 노력했어요. 그 결과 1895년에는 3.2킬로미터나 떨어진 곳에서 무선 신호를 받을 수 있었어요.

1900년대 초, 마르코니는 대서양을 가로질러 4,000킬로미터 이상 떨어진 곳까지 무선 신호를 보낼 수 있었어요. 1909년에 마르코니는 **노벨 물리학상**을 받았답니다.

1920년대, 저의 발명은 전 세계에 뉴스와 오락 방송 같은 **무선 통신의 황금시대**를 열었어요. 또 **타이타닉** 같이 위험에 처한 배들이 도움을 요청할 수 있게 되어 **많은 생명을 구하기도** 했어요.

고대 문헌을 연구해 말라리아 치료법을 찾다

57

모기에 물려 전염되는 말라리아는 **세계에서 가장 치명적인 질병** 중 하나예요. 전 세계 인구의 절반이 이 위험에 노출되어 있지요. 1969년에 중국 정부는 **투유유**라는 화학자에게 치료법을 찾도록 했어요.

고대 지식에서 찾은 답

투유유는 다양한 식물과 약초의 의학적 효과를 적어 놓은 중국 고대 문서들을 살펴봤어요. 투유유는 주기적인 발열을 치료하기 위해 '**개똥쑥**'이라는 약초를 사용한다는 내용을 발견했어요. 발열은 말라리아의 흔한 증상 중 하나였지요.

투유유는 1,600년 전에 쓰인 고대 의학서의 도움을 받아 쑥에서 '**아르테미시닌**'이라고 불리는 성분을 추출하는 데 성공했어요.

본격적인 실험

투유유는 생쥐와 원숭이를 대상으로 한 실험에서 아르테미시닌이 치료에 효과적이라는 것을 알아냈어요. 사람에게도 효과가 있는지 확인하기 위해 **자신에게 직접 실험을 했고**, 결과는 성공적이었지요. 투유유는 연구 결과를 발표했지만, 수년 동안 아시아 외의 지역에는 알려지지 않았어요. 1981년이 되어서야 투유유의 치료법이 널리 알려지고 회사들이 대량 생산을 하기 시작했지요.

2015년, 투유유는 **수백만 명**의 생명을 구한 성과로 **노벨상**을 받았어요.

> 과학자라면 누구나 세상을 도울 수 있는 일을 꿈꾸지요.

큰 파장을 일으킨 작은 돌멩이

수세기 동안 수학자들은 곡선으로 이루어진 부분의 넓이를 어떻게 계산해야 하는지 머리를 싸매고 있었어요. 그러던 1670년대에 독일의 수학자이자 사상가인 **고트프리트 라이프니츠**가 해법을 찾아내어, '**미적분학**'이라고 불리는 수학의 한 분야를 탄생시켰어요. 미적분학을 나타내는 영어(calculus)는 수를 셀 때 사용했던 '작은 돌멩이'를 뜻하는 라틴어에서 유래했어요.

라이프니츠는 그래프에서 곡선이 차지하는 공간의 **넓이**를 계산하려고 했어요.
이전 수학자들은 **대략적인** 방법을 알고 있었지만, 라이프니츠는 **정확한** 계산법을 찾길 원했지요.

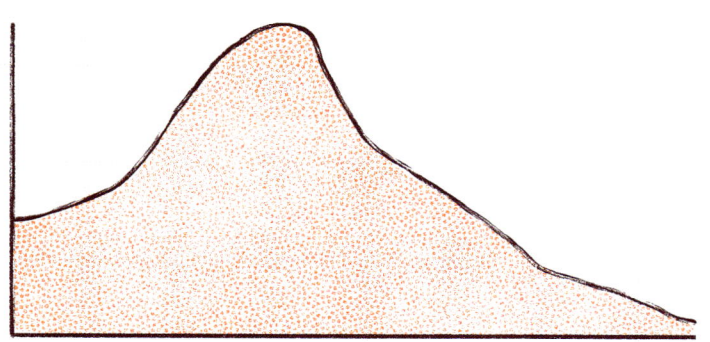

먼저, 그래프의 전체 모양을 **더 작은** 모양으로 나누는 **수학 공식**을 생각해 냈어요.
이렇게 나누어진 영역은 계산하기 훨씬 쉽지요.
그런 다음 이들을 모두 더해 총면적을 구했어요.

라이프니츠는 수년에 걸쳐 이해하기 쉬운 **기호**를 사용해 공식을 완성했어요.
그리고 1684년, 그 이론을 **발표**했지요.
2년 후, 아이작 뉴턴(72쪽을 보세요)은 라이프니츠가 자신의 아이디어를 훔쳤다고 주장했어요. 하지만 오늘날에는 라이프니츠가 독자적으로 미적분학을 발견한 것으로 보고 있어요.

컴퓨터 천재를 드러낸 전쟁 암호

제2차 세계 대전 동안, 몇몇 뛰어난 과학자들은 여러 **암호 해독 기계**를 만들었어요. 그들 중 한 사람이었던 **앨런 튜링**은 **컴퓨터**가 존재하기도 전에 컴퓨터에 관한 글을 썼던, 그야말로 시대를 앞서간 영국의 수학자였어요. 튜링의 암호 해독기 덕분에 인류는 컴퓨터에 한 걸음 더 다가가게 되었지요.

일을 시작하다

1936년에 튜링은 컴퓨터에 관한 아이디어를 발표하고, 자신의 상상 속에 있는 가상의 기계를 '**튜링 기계**'라고 불렀어요. 1939년, 제2차 세계 대전이 발발하자 튜링은 영국군을 도와 적국인 독일군이 사용하는 **암호**를 해독하는 일을 했어요.

독일군은 암호를 '**에니그마**'라는 장치를 사용해 만들고 있었어요. 폴란드의 암호 해독 기계에서 영감을 받은 튜링은 **전기**의 힘으로 수백 개의 실린더가 회전하는 기계, **봄베**를 설계했어요.

똑똑한 봄베

봄베는 에니그마의 암호를 빠르게 **해독**했어요. 역사가들은 이 기계가 **전쟁**을 2년 **단축**했고, **1,400만 명의 생명**을 구했다고 생각해요.

이뿐 아니라 컴퓨터에 관한 튜링의 **아이디어**는 후대의 **컴퓨터 과학자**들에게 큰 영향을 미쳤지요.

최초의 컴퓨터를 만들기 위한
끊임없는 노력

최초로 **프로그래밍**이 가능한 전자식 컴퓨터는 '콜로서스'라는 별명으로 불렸으며, 제2차 세계 대전에 오갔던 가장 어려운 암호들을 깨트렸지요. 이 기계는 영국의 기술자 **토미 플라워스**가 설계하고 만들었어요.

모든 준비가 이루어지다

1943년에 플라워스는 독일군의 아주 복잡한 **로렌츠 암호**를 해독할 수 있는 기계를 만들어 달라는 요청을 받았어요. 앨런 튜링과 다른 암호 해독자들이 찾은 방법은 아주 느리고 시간이 오래 걸렸어요. 따라서 속도를 높여 줄 기계가 필요했지요.

플라워스는 유리 **진공관**이 들어간 **전기 회로**를 사용하는 기계를 다루고 있었어요. 가끔 문제가 생기긴 했지만, 플라워스는 수천 개의 진공관을 사용해 더욱 성능이 좋고 믿을 만한 기계를 만들 수 있을 거라 믿었어요.

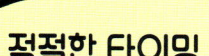

적절한 타이밍

암호 해독자들은 플라워스의 생각을 무시했지만, 포기하지 않고 '콜로서스'라고 불리는 **거대한 기계**를 설계하고 만들었어요. 그리고 마침내 성공했지요. 1944년, 성능이 개선된 콜로서스는 독일군의 암호를 풀어 노르망디 상륙 작전을 성공시키고 **전세를 뒤집는 데** 큰 역할을 했어요.

콜로서스는 **세계 최초**로 프로그래밍이 가능한 전자식 디지털 컴퓨터였어요. 전쟁이 끝날 무렵, 플라워스는 국가 안보를 위해 콜로서스를 **파괴**하라는 명령을 받았어요. 이 때문에 수년간 컴퓨터에 관한 플라워스의 업적은 잊혀지고 말았어요.

질서 있는 세상을 만든 화학자의 꿈

1860년대 어느 날 밤, 러시아의 화학자 **드미트리 멘델레예프**는 꿈을 꾸었어요. 지구상에 존재하는 모든 것을 구성하는 가장 기본적인 화학 물질인 **원소**에 관해서요. 잠에서 깨어난 멘델레예프는 비슷한 속성을 가진 원소들끼리 **묶은** 도표를 그리기 시작했어요. 이것이 바로 **주기율표**이며, 현재까지 모든 화학의 기초를 이루고 있지요.

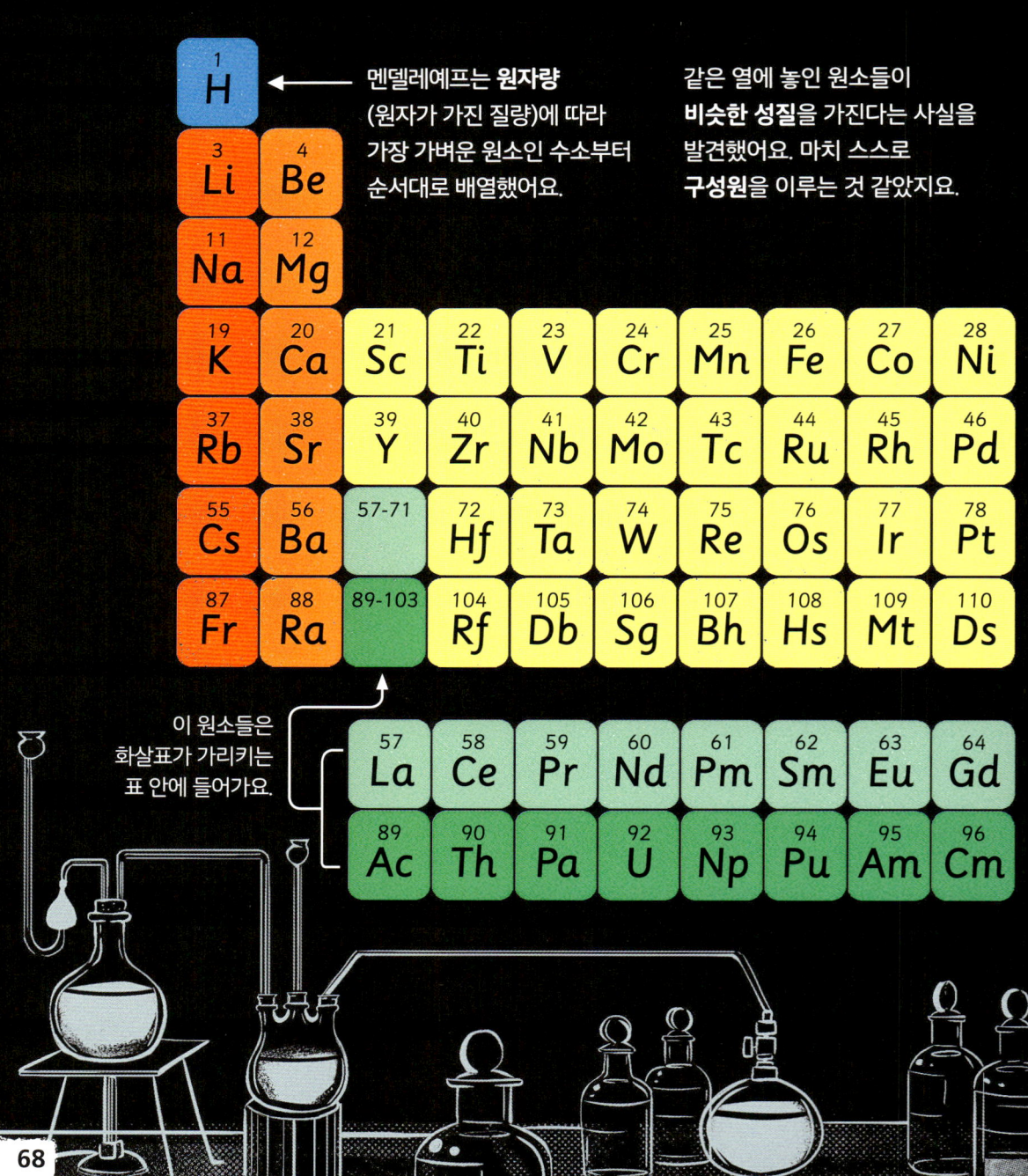

멘델레예프는 **원자량**(원자가 가진 질량)에 따라 가장 가벼운 원소인 수소부터 순서대로 배열했어요.

같은 열에 놓인 원소들이 **비슷한 성질**을 가진다는 사실을 발견했어요. 마치 스스로 **구성원**을 이루는 것 같았지요.

이 원소들은 화살표가 가리키는 표 안에 들어가요.

멘델레예프가 표를 만들었을 때 알려진 원소는 겨우 **56개**뿐이었어요. 하지만 새롭게 발견될 원소들이 이 규칙을 따를 것이라 확신하고 **빈칸**으로 남겨 두었지요.

예상대로 새로운 원소들이 곧 발견되어 표가 늘어났어요. 오늘날 주기율표에는 **118개**의 원소가 있어요.

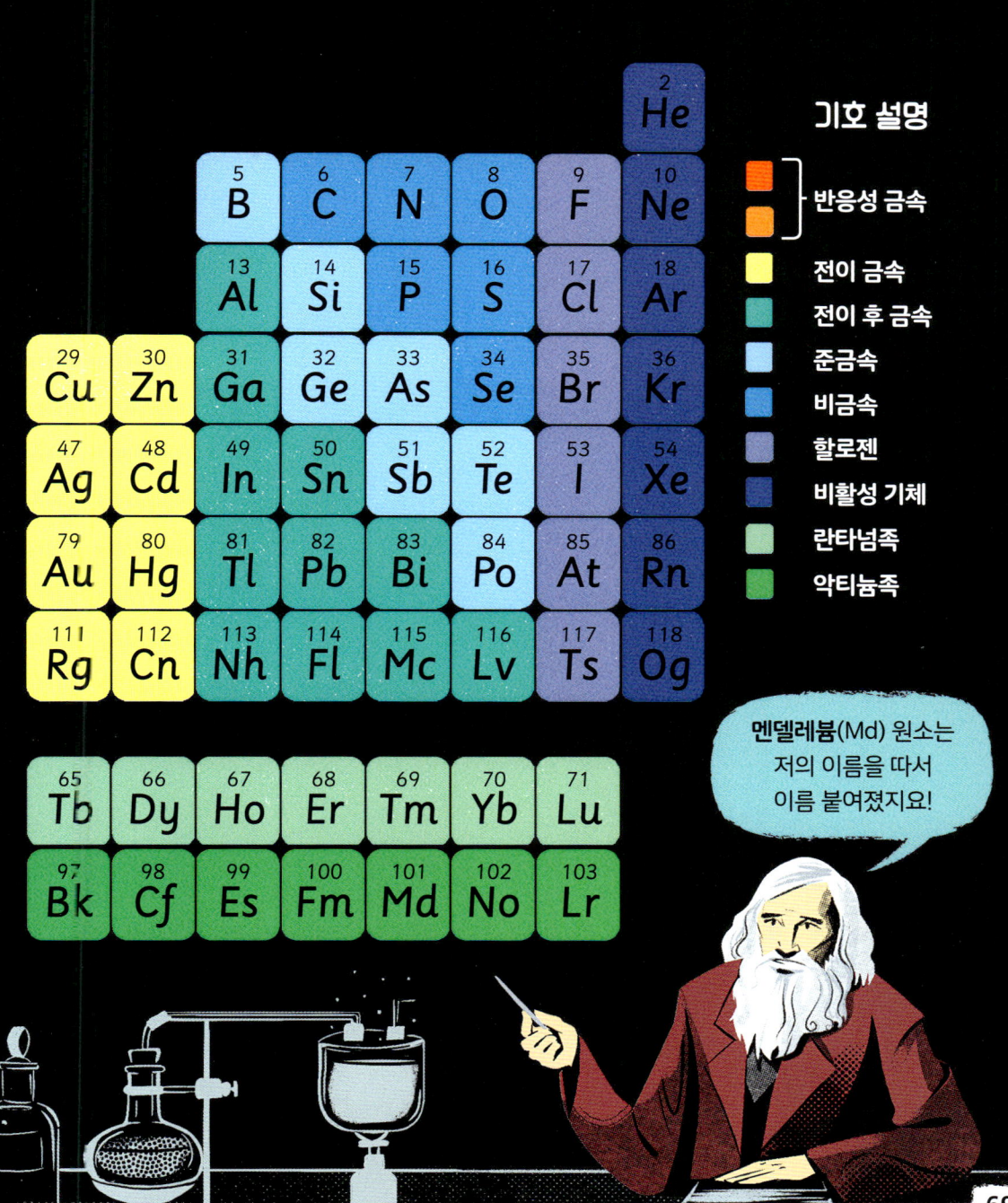

멘델레븀(Md) 원소는 저의 이름을 따서 이름 붙여졌지요!

멀리 떨어져 있는 은하계를 발견하다

불과 100년 전만 해도 천문학자들은 **우리 은하**인 은하수가 **우주의 전부**라고 생각했어요. 하지만 한 천문학자가 그 너머에 훨씬 더 많은 것이 존재한다는 것을 증명했지요.

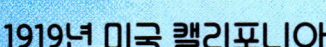

1919년 미국 캘리포니아

천문학자 **에드윈 허블**은 마운트 윌슨 천문대에서 일했어요. 허블은 멀리 떨어져 있는 별에서 오는 빛을 연구하다가 그 빛이 **은하수** 너머에서 온 것이라고 계산했어요. 이것은 분명 외부에 **다른 은하**가 존재한다는 증거였지요.

허블은 다른 은하들이 우리 은하로부터 **점점 멀어지고 있다**는 사실도 발견했어요. 둘의 거리가 멀수록 더 빠른 속도로 멀어지는데, 이것을 '**허블의 법칙**'이라고 불러요.

소행성, 달의 분화구 그리고 1990년부터 지구 주위를 돌며 **먼 곳에 있는 은하**의 놀라운 사진을 찍는 **허블 우주 망원경**까지 우주에 있는 수많은 것들이 허블의 이름을 따서 이름 붙여졌어요.

그 후의 이론들

허블의 연구는 우주가 계속해서 **팽창**하고 있고, 한때 모든 물질이 뭉쳐진 덩어리가 폭발해서 우주가 탄생했다는 **빅뱅 이론**을 뒷받침해 주어요.

충돌로 탄생한 새로운 물질

몇몇 과학자들은 원자를 구성하는 **아원자 입자**, 즉 전자와 양전자를 서로 충돌시키는 장비를 사용해 실험해요. 이것으로 기존에 알려지지 않은 입자를 만들어 낼 수도 있어요. 어느 한 과학자가 새로운 종류의 **중간자**를 발견했던 것처럼요.

2003년 일본

한국의 물리학자 **최수경**은 동료 스티븐 올슨을 비롯한 다른 동료들과 함께 '**KEKB**'라고 불리는 입자 충돌기를 사용해 연구하고 있었어요.

어느 날, 최수경은 어떤 입자가 **충돌**하고 남긴 **중간자**의 흔적을 발견했어요. 그동안 누구도 발견하지 못했던 흔적이었지요.

입자의 경로

대부분의 중간자는 두 개의 아주 작은 입자, **쿼크**와 **반쿼크**로 이루어져 있어요. 하지만 이것은 1961년 과학자들이 예측한 대로, 쿼크, 반쿼크, 그리고 **적어도** 하나의 **미지의** 입자로 구성된 완전히 새로운 종류의 **중간자**였어요.

'X(3872)'라고 불리는 이 의문의 중간자는 그동안 누구도 찾아내지 못한 것이었죠.

최수경은 X(3872)의 나머지 입자가 **글루온**(쿼크를 서로 묶어주는 입자)이거나 두세 개의 추가적인 **쿼크**일 수 있다고 제안했어요. 가장 적절한 설명이지만, X(3872)가 가진 성질은 아직 정확히 밝혀지지 않았어요.

떨어지는 사과가 과학을 영원히 바꾸다

1700년대 유럽에서는 '**과학 혁명**'으로 알려진 획기적인 변혁이 일어나 기존 세계관을 뒤흔들었어요. 이 놀라운 시기에 가장 영향력 있었던 과학자 중 한 명은 영국의 수학자이자 물리학자, 그리고 천문학자였던 **아이작 뉴턴**이에요.

대학에서 돌아오다

1665년, 촉망받던 학생 아이작 뉴턴은 전염병의 유행으로 대학이 문을 닫자, 잉글랜드 북부에 있는 가족의 농장으로 돌아와야 했어요.

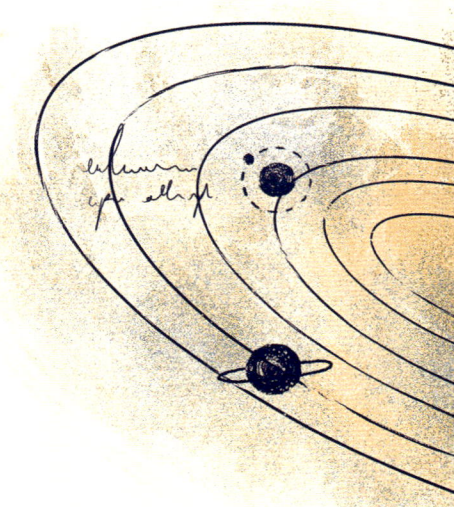

뜻밖의 새로운 발견

뉴턴이 나무에서 떨어지는 **사과**를 보고 물체를 땅으로 잡아당기는 힘인 **중력**을 떠올렸다는 이야기가 전해지기도 해요.

저는 모든 물체가 **중력으로 서로 끌어당기는** 것처럼, 지구 주위를 도는 달과 태양 주위를 도는 행성에도 중력이 작용하고 있다는 사실을 깨달았어요.

빛을 들여다보다

뉴턴은 빛에도 큰 관심을 가졌어요. 과학자들은 **백색광**이 하나의 빛이라고 믿었지만, 뉴턴은 그 속에 더 많은 것이 숨어 있을 것이라 생각했어요.

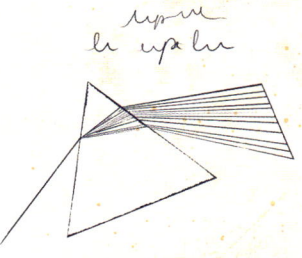

프리즘에 햇빛을 통과시키자 빛이 빨강, 주황, 노랑, 초록, 파랑, 남색과 보라색 광선으로 갈라지는 것을 발견했어요. 하얀색 빛은 이 모든 광선이 합쳐져 만들어진 것이었지요.

거울과 수학

뉴턴은 렌즈 대신 거울을 사용하여 **빛을 반사**하는 성능이 뛰어난 **망원경**을 만들었어요. 또 복잡한 수학 문제를 풀어내기 위해 고트프리트 라이프니츠가 발명한 것과 비슷한 **미적분학**을 만들어 발전시켰어요(65쪽을 보세요).

세 가지 운동 법칙

1687년, 뉴턴은 기존의 과학 체계를 완전히 뒤바꿔 놓은 책 『자연철학의 수학적 원리』를 출판했어요. 이 책에는 물체가 어떻게, 왜 움직이는지 설명한 세 가지 법칙이 담겨 있지요. 뉴턴의 **세 가지 운동 법칙**은 **우주 전체를 움직이는** 힘을 설명하며 현대 물리학의 기초를 이루어요.

혈액형을 발견한 의사

20세기 이전에는 **수혈** 즉, 혈액이 부족한 환자에게 다른 사람의 혈액을 주었을 때 환자가 회복하는 경우도 있었지만, 종종 **심각한 병**에 걸리거나 **목숨을 잃기도** 했어요. 하지만 누구도 그 원인을 알지 못했어요. 그러던 1900년, 오스트리아 의사인 **카를 란트슈타이너**가 그 답을 찾았지요.

1900년 비엔나

란트슈타이너는 온몸을 돌며 적혈구를 운반하는 옅은 노란색 액체인 **혈청**에 흥미를 가졌어요.

란트슈타이너는 한 사람의 혈청에 다른 사람의 적혈구를 **섞어** 보았어요. 종종 적혈구가 서로 엉겨 붙어 **덩어리**를 이루는 것을 발견했어요. 이것은 사람이 죽을 수도 있는 **치명적인** 현상이었지요.

란트슈타이너는 실험을 계속했어요. 그러다 혈청과 적혈구의 어떤 조합은 덩어리가 생겨나지만, 다른 조합은 그렇지 않다는 것을 알게 되었어요. 란트슈타이너는 사람들이 **다른 유형의 혈액**을 가졌을 거라 결론지었어요.

란트슈타이너는 **혈액형**을 A, B, C 3가지로 분류했어요 (C는 현재 O로 알려져 있어요.)

란트슈타이너는 **같은** 혈액형을 가진 두 사람의 피를 섞으면, 적혈구가 뭉치지 않는다는 것을 발견했어요.

이는 만약 의사가 환자의 혈액형을 알고 있다면, 안전하게 수혈을 할 수 있다는 것을 의미했지요. 란트슈타이너의 발견은 매년 **수백만** 명의 목숨을 살리고 있어요.

흑점을 탐지한 아마추어 천문학자

수천 년 동안 과학자들은 태양 표면에서 나타났다가 사라지는 검은 얼룩인 **흑점**을 관찰하고 기록했어요. 그러나 한 천문학자는 누구도 하지 못한 아주 상세한 기록을 남겼지요.

1940년대 일본 도쿄

제2차 세계 대전 중에 일본은 적군의 비행기가 도시를 폭격하지 못하도록 전등을 모두 끄게 했어요. 아마추어 천문학자인 **코야마 히사코**는 어둠을 틈타 별을 보러 나갔지요.

코야마는 **태양**도 관찰하기 시작했어요. 눈이 상하는 것을 막기 위해 망원경으로 종이 위에 태양의 모습을 투영시킨 다음, 그것을 따라 그렸어요.

1946년 코야마는 도쿄 국립자연과학 박물관에서 일하기 시작했어요. 그 후 **40년간** 흑점에 관한 그림과 설명을 남겼는데, 이는 **1만 장**이 넘는 방대한 양이었어요.

흑점을 이해하다

과학자들은 흑점이 태양 **표면**에서 일어나는 강한 **자기장** 때문에 나타난다는 것과 지구의 기후를 변화시키고 인공위성의 작동이나 전파 신호를 방해하기도 한다는 사실을 알게 되었어요.

코야마가 남긴 기록은 과거 태양의 활동 **패턴**과 **주기**를 알 수 있는 중요한 자료예요. 또한 미래에 태양이 지구에 사는 생명체에 어떤 영향을 미칠 것인지 **예측**하는 데도 도움을 주고 있지요.

별의 구성 성분을 발견한 천문학자

1925년 이전의 천문학자들은 모든 **별**이 지구에 있는 **원소**와 같은 종류, 같은 **양**으로 구성되어 있다고 생각했어요. 하지만 특출난 천문학자 **세실리아 페인 가포슈킨** 덕분에 이제는 아무도 그렇게 생각하지 않지요.

학생에서…

1923년, 가포슈킨은 영국 케임브리지 대학교를 졸업한 후, **하버드 대학교 천문대**에서 공부하기 위해 미국으로 건너갔어요.

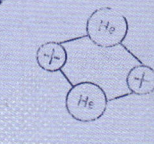

가포슈킨은 여러 별들이 내보내는 **빛**을 비교하여 별이 포함하고 있는 **원소**를 계산할 수 있었어요. 가포슈킨은 별들이 주로 **수소**와 **헬륨** 가스로 이루어져 있다는 것을 발견했어요.

"젊은 과학자에게 주어지는 보상은 세계 역사상 무언가를 이해한 최초의 사람이 되었다는 감정적인 전율이지요."

다른 천문학자들은 별이 절대 가스로 이루어져 있을 리 없다며 **불가능**한 일이라고 생각했어요. 가포슈킨은 연구 결과를 발표하지 말라는 말까지 들었어요. 그러나 4년이 지난 1929년, 가포슈킨의 연구가 **옳았**다는 것이 밝혀졌지요.

…교수가 되기까지

가포슈킨이 연구를 시작했을 때는 몇 명의 여성만이 대학에서 학생을 가르쳤어요. 1956년, 가포슈킨은 하버드 대학교에서 **최초의 여성 교수**가 되었어요. 더 나아가 중요한 여러 발견을 하며 다른 여성들도 과학계에서 일할 수 있도록 용기를 주었지요.

꿈의 시냇물에서 나온 놀랍고 새로운 생각들

약 1,000년 전 중국, 정부 관리였던 **심괄**은 다른 나라의 과학자들보다 수백 년 앞선 발견을 했어요. 1088년, 심괄은 관직에서 물러난 후, 몽계(夢 꿈 몽, 溪 시내 계)라고 불리는 시골로 돌아가 『**몽계필담**』이라는 책을 썼어요.

그 책에는 이런 내용이 들어 있었지요.

악어와 대왕 조개 등 다양한 **동물**과 **식물**에 대한 상세한 관찰 정보

무지개가 어떻게 생기는지에 관한 이론

별과 행성이 **공처럼 둥글게 생긴** 모양이며, 달이 스스로 빛을 만들어 내는 것이 아니라 빛을 **반사**하는 것이라는 새로운 생각

지구가 **기후 변화**를 겪는다는 최초의 의견

자기 나침반의 바늘은 정확히 북쪽을 가리키는 것이 아니라, 지구 **북쪽**에서 작용하는 자기력을 따른다는 최초의 서술

해안이 바다에 의해 점점 침식된다는 이론을 이끈 **조개껍데기** 연구

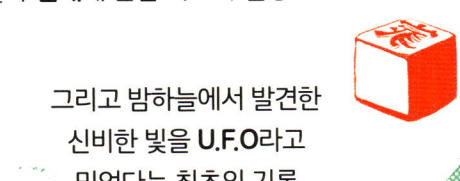

1,000년경 중국에서 발명한 활자 **인쇄**에 관한 최초의 설명

그리고 밤하늘에서 발견한 신비한 빛을 U.F.O라고 믿었다는 최초의 기록

위험한 살충제에 숨겨진 치명적인 진실을 밝히다

1940년대, 많은 과학자들이 작물을 해치는 벌레나 전염병을 막기 위해 **살충제**를 개발했어요. 하지만 몇몇 살충제는 **물고기**, **새**, 심지어 **사람의 목숨까지 앗아** 갔어요. 한 과학자는 용기를 내어 동료들에 맞섰어요.

1940년대 미국
생물학자 **레이첼 카슨**은 'DDT'라는 살충제가 점점 더 널리 사용되는 것이 걱정되었어요.

몇몇 보고서에는 DDT가 해충뿐만 아니라 다른 식물과 곤충, 또 이것을 먹는 물고기와 새의 생명까지 위협하는 것으로 나타났어요. 이것은 DDT가 사람까지도 병들게 할 수 있다는 뜻이었지요.

목소리를 내다
카슨은 여러 증거들을 모아 1962년에 『**침묵의 봄**』이라는 책을 출간했어요.

공격을 받다
DDT를 만드는 **화학 회사**들은 카슨의 책을 공격했어요. 하지만 많은 **과학자**들이 카슨을 지지했지요.

1963년, 카슨은 DDT가 위험하다는 **증거**를 미국 정부에 건넸지만, DDT가 미국에서 **사용 금지**되는 데는 10년이나 걸렸고, 다른 국가에서는 더 오랜 시간이 걸렸어요.

그러나 카슨의 책 덕분에 이제 전 세계 사람들은 **환경**을 **보호**하기 위해 정부와 기업에게 조치를 취하도록 요구하고 있어요. 이것은 오늘날에도 계속되고 있지요.

추운 곳에서 온 과학자가
지구 온난화를 예측하다

1870년대에 과학자들은 **빙하기** 즉, 지구가 한때 **냉각된 시기**를 거쳤다는 사실은 알고 있었지만, 그 **이유**는 알 수 없었어요. 이 문제를 해결하기 위해 한 과학자는 과거를 살펴보았고, 거기에서 미래를 보았지요.

스웨덴의 화학자 **스반테 아레니우스**는 당시 산과 염기에 관한 연구로 유명한 과학자였어요. 그러다 과거 지구가 냉각된 이유가 대기 중 **이산화탄소**의 감소 때문이라는 이론에 마음을 빼앗겼어요. 아레니우스는 수천 번의 계산 끝에 이것이 옳다는 것을 증명했어요.

아레니우스는 **석탄과 가스**를 태우는 공장들이 지구 대기 중 이산화탄소를 크게 증가시켜 **지구 온난화**가 이어질 것이라고 예측했어요.

당시 아레니우스는 이를 **심각하게 여기지 않았어요**. 오히려 지구 온난화 덕분에 스웨덴의 추운 날씨가 더 **나아질** 것이라고 생각했어요.

1896년, 아레니우스는 연구 결과를 **발표**했지만, 과학자들은 큰 관심을 가지지 않았어요. 1970년대가 돼서야 비로소 아레니우스가 예측한 **지구 온난화의 위협**이 심각하게 받아들여졌지요.

약을 만드는 새로운 방법

1950년대까지 과학자들이 질병을 고치는 **새로운 약**을 찾는 방법은 단순히 여러 약을 시도해 보는 것뿐이었어요. 하지만 한 과학자는 아주 **다른** 방식으로 접근했어요.

1950년 미국

생화학자 **거트루드 엘리언**은 생명체를 이루는 가장 작은 단위인 세포를 연구하고 있었어요. 엘리언은 치명적인 **암**을 일으키는 세포와 건강한 세포를 비교해 보았지요.

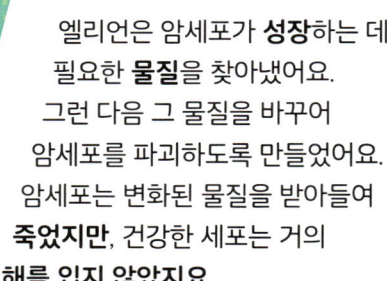

건강한 세포

암세포

엘리언은 암세포가 **성장**하는 데 필요한 **물질**을 찾아냈어요. 그런 다음 그 물질을 바꾸어 암세포를 파괴하도록 만들었어요. 암세포는 변화된 물질을 받아들여 **죽었지만**, 건강한 세포는 거의 **해를 입지 않았지요**.

엘리언은 생명을 위협하는 심각한 **질병**을 치료하기 위한 다른 약들도 개발했어요.

그리고 1957년에…

엘리언은 환자가 다른 사람에게서 **이식**받은 신체 부위를 **받아들이도록** 세포를 속이는 약을 만들었어요. 이전에는 이식한 외부 조직을 **거부**하는 세포 때문에 이식 환자들이 많이 사망했어요. 엘리언의 약은 많은 이식 수술을 **성공**으로 이끌었지요.

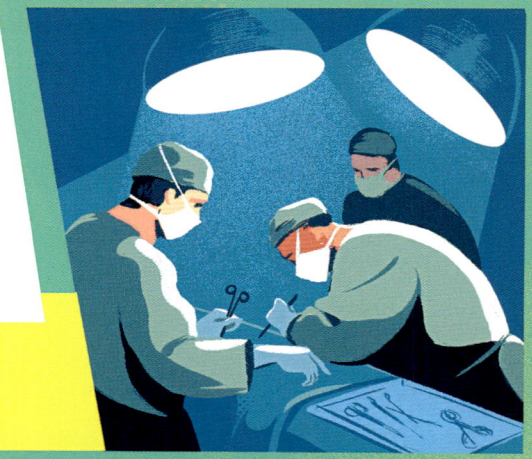

엘리언은 수많은 생명을 구한 공로로 1988년, **노벨상**을 받았어요.

땅콩으로 문제를 해결한 과학자

1900년경, 미국 남부의 주요 작물은 목화였어요. 그러나 오랜 목화 재배로 토양은 점점 메말라 가고 농부들은 가난해졌어요. 과학자들은 몇몇 해결책을 알고 있었지만, 농부들에게 설명해 주지 않았어요. **조지 워싱턴 카버**가 나타나기 전까지 말이에요.

과학자로 성장하다

카버는 노예로 태어났어요. 노예 제도가 사라진 후에도 공부를 계속하기 위해 주변 환경과 싸워야 했어요. 카버는 아이오와 주립대학교에서 **식물학**과 **농업**을 전공했어요. 카버는 그 학교에서 최초의 아프리카계 미국인 학생이었고, 나중에는 최초의 아프리카계 미국인 교수가 되었지요.

1896년 미국 남부 앨라배마주

카버는 대학교 농학과 학과장이 되어, 과학을 사용하여 어려움에 처한 지역 농부들을 돕기로 결심했어요. 토양에서 발견되는 물질, **질소**가 문제 해결의 열쇠였지요.

목화

땅콩

질소

질소

질소

목화가 자라기 위해서는 많은 질소가 필요해요. 그래서 땅에서 질소를 **빼앗아** 가지요.

하지만 **땅콩**과 같은 작물들은 질소를 **다시** 땅에 내어놓아요.

돌려짓기

1년 동안 목화를 키운 다음, 그다음 해는 땅콩을 키우면 땅속의 질소를 보존할 수 있어요. '**돌려짓기**'라는 농사법으로, 다른 과학자들과 달리 카버는 지역 농부들에게 돌려짓기를 알려 주어 농부들의 삶을 바꾸어 주었어요. 뿐만 아니라 400가지가 넘는 땅콩의 활용법도 연구하고 개발했지요.

카버는 점차 **유명한** 과학 인사가 되어 여러 상을 받았고, 3명의 미국 대통령이 카버에게 자문을 구하기도 했어요.

반짝이는 철사가 전구를 밝히기까지

1800년, 알레산드로 볼타(39쪽을 보세요)가 전선에 전기를 통과시켜 **반짝**거리게 했어요. 그 실험으로 **전기**가 **빛**을 만들 수 있다는 것이 증명되었어요. 이제 사람들은 전기를 빛으로 바꾸는 실용적이고 오래 지속되는 장치를 발명하기 위해 경쟁했어요. 이 기구는 나중에 **백열등** 또는 **전구**로 알려지지요. 많은 과학자들이 노력을 기울였고, 그중 가장 성공을 거둔 사람은 미국의 발명가 **토머스 에디슨**이에요.

해결해야 할 문제…

에디슨은 안전을 위해 모든 것을 유리 용기 안에 넣어 두려고 했어요. 그러기 위해서는 **타오르거나 부서지지** 않으면서도 빛을 낼 수 있는 길고 가느다란 무언가가 필요했어요.

…그리고 성공하다

에디슨은 특수 처리한 나무, 종이, 천, 실 등으로 실험을 하여, 가공한 대나무가 **천 시간** 이상 **빛**을 낼 수 있다는 사실을 발견했어요. 덕분에 매우 실용적인 전구를 만들 수 있었지요.

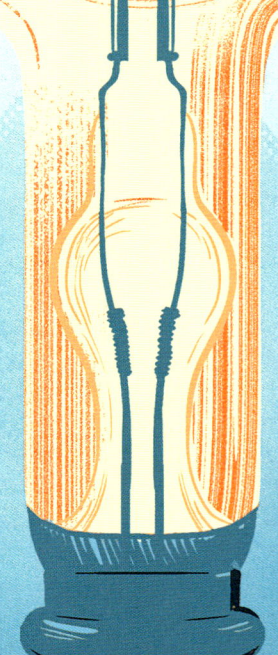

> 저는 다른 발명품도 많이 만들었어요. 하지만 제가 과학계에 한 가장 큰 공헌은 아마도 세계 최초로 커다란 **연구소**를 설립한 것일 테지요. 저는 여러 과학자들을 고용해 많은 것들을 발명하도록 했습니다.

우리 눈이 어떻게 보는지 발견하다

고대 과학자들은 우리의 눈이 광선을 내뿜어, 그것으로 주변을 볼 수 있다고 믿었어요. 그러나 10세기, **이븐 알하이삼**이라는 수학자가 이 이론이 잘못되었다는 것을 증명했지요.

알하이삼은 한쪽 면에 구멍이 나 있는 **암실**을 이용했어요. 이 장치를 아랍어로 '**알베이트 알무즐림**', 라틴어로 '**카메라 옵스큐라**'라고 해요. 물체를 암실 구멍 앞에 두면, 위아래가 뒤집힌 상이 반대쪽 벽에 나타나요. 이 실험으로 빛이 **직선**으로 나아간다는 사실을 알게 되었어요.

저는 실험을 통해 우리 눈이 어두운 방과 비슷한 방식으로 작동한다는 것을 증명했어요. 물체가 빛을 반사하고 그 빛이 **우리 눈에 들어올 때**, 우리는 그 물체를 보는 것이죠.

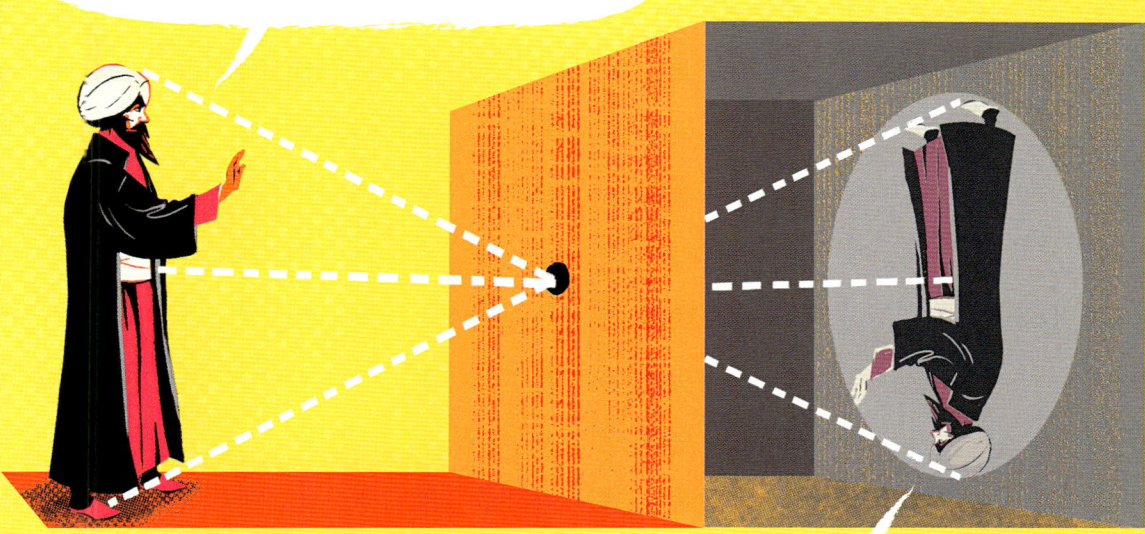

저는 눈에 관한 고대 그리스의 문헌을 연구했습니다. 또 황소의 안구를 이용해 그 구조와 원리를 알아내려고 애썼지요.

알하이삼은 연구 결과를 『광학에 관한 책』에 기록했어요. 이 책에는 눈과 **시신경**, 즉 눈에서 뇌까지 신호가 이동하는 경로가 상세하게 그려져 있어요. 또한 뇌와 다른 신체 부위 사이에 신호를 전달하는 **신경계**의 그림도 남겼는데, 이는 가장 오래된 기록으로 알려져 있어요.

사막을 푸르게 만든 과학자

1970년대, 한때 푸르렀던 아프리카에 **사막**이 점점 퍼져 나가자 많은 과학자들이 고민에 빠졌어요. 수백만 그루의 나무를 **다시 심어야** 한다는 것을 알고 있었지만, 어떻게 시작할지 또 어떻게 비용을 감당할지 갈피를 잡을 수 없었어요. 그때 케냐의 생물학자 **왕가리 마타이**가 발 벗고 나섰지요.

1970년대, 케냐
개발업자들이 너무 많은 **나무를 베어 버려**, 땅이 메말랐어요.

황폐해진 땅은 **사막**으로 변했어요.

야생 동물과 **지역 주민**들은 먹거리와 집 지을 재료, 땔감을 구할 수 없게 되었어요.

마타이는 수천 명의 자원봉사자를 모아 야생 나무의 **씨앗**을 수집했어요.

그들은 집에 가서 재활용 용기에 씨앗을 **키운** 다음, 피해 지역에 **심었어요**.

숲이 다시 자라났어요. 야생 동물과 지역 주민의 삶도 회복되었지요.

저의 계획은 성공적이었고, 전 세계에 퍼져 **그린벨트 운동**으로 알려지게 되었어요. 그리고 2004년, 저는 **노벨 평화상**을 받았지요.

산 자를 이해하기 위해 죽은 자를 해부하다

1500년대까지만 해도 시체를 **해부**(또는 절개)하여 몸의 기능을 알아내거나 그렇게 발견한 사실들을 정확한 기록으로 남기는 과학자들이 많지 않았어요. 이 때문에 인체에 대한 지식은 종종 불완전하거나 부정확했지요. 하지만 한 과학자가 나타나 모든 것을 바꾸어 놓았어요.

새로운 접근법

1530년대, 의대생이었던 **안드레아스 베살리우스**는 인체에 큰 관심을 가졌어요. 베살리우스는 졸업 후 이탈리아 파도바 대학교에서 **수술**(살아 있는 환자의 치료)과 인체 구조를 다루는 **해부학**을 전공했어요.

베살리우스는 사람의 뼈, 근육, 신경 그리고 심장과 뇌와 같은 장기에 관해 깊이 연구했어요. 또한 공개적으로 해부를 하여 다른 역사들이 보고 배울 수 있게 했지요.

베살리우스는 모든 지식을 『**인체 해부에 대하여**』라는 방대한 책에 담아냈어요. 책을 만들 때 설명을 보충하기 위해 화가에게 정확한 그림을 그리도록 했어요. 또한 독자들에게 미리 책을 읽혀 확인하기도 했지요.

혁신적인 교과서

1543년에 출판된 이 책은 지난 수 세기 동안 과학자들이 가지고 있던 수많은 **부정확한 지식**을 뒤엎었고, 이후 수 세기 동안 과학자와 의사에게 **강력한 영향**을 미쳤지요.

새로운 종류의 모양을 발견한 과학자

1960년대, 수학자 **브누아 망델브로**는 겉보기에 단순한 질문을 떠올리게 되었어요. '영국의 해안선 길이는 얼마일까?' 그 대답이 간단하지 않다는 걸 알게 되었어요. 해안선을 자세히 살펴볼수록 점점 더 구불거릴 테고, 측정해야 할 전체 길이는 점점 늘어나게 될 테니까요. 이후 망델브로는 평생 해안선처럼 가까이 살펴보면 볼수록 **더 복잡**해지는 **모양**에 관한 연구를 하게 되었어요.

자연에서 찾은 모양

망델브로는 나무, 파도, 눈송이와 같은 해안선과 비슷한 특성을 가진 여러 모양을 연구하기 시작했어요. 이 모양들을 확대해 보면서, 생김새는 같지만 크기가 점점 더 작은 모양이 계속 반복되는 것을 알 수 있었지요.

이름 짓다

망델브로는 이와 같은 모양을 '프랙탈'이라고 이름 붙였어요.

이것은 **망델브로 집합**으로 알려진 프랙탈 모양이에요.

다음 단계로 넘어가다

망델브로는 프랙탈을 설명하는 수학 공식을 생각해 냈어요. 이 공식을 컴퓨터에 입력하자 매우 흥미로운 이미지가 생겨났지만, 대부분의 과학자들은 관심을 두지 않았어요.

수년에 걸쳐 망델브로는 다른 과학자들에게 프랙탈을 뒷받침하는 수학 공식은 그 모양만큼이나 **복잡**하고 **흥미롭다**고 설득했어요. 이제는 과학자뿐만 아니라 지질학자, 의학 연구원, 천문학자 그리고 엔지니어 등 다양한 분야의 과학자들이 망델브로의 공식을 사용하고 있어요.

세상의 크기를 측정한 사람

고대에는 지구가 얼마나 큰지 아무도 알지 못했지만, 이집트에 살던 과학자 **에라토스테네스**는 몇 가지 **간단한 측정**만으로 지구의 **둘레**(테두리를 한 바퀴 돈 길이)를 계산하는 방법을 찾아냈어요.

약 2,250년 전 이집트

에라토스테네스는 정오가 되면 다른 도시에 있는 **같은 높이**의 두 건물이 드리운 **그림자의 길이**가 각각 **다르다**는 것을 발견했어요. 에라토스테네스는 이 그림자의 **길이**와 **각도**를 측정했어요.

이렇게 측정한 결과와 두 도시 사이의 **거리**를 계산하여 지구의 둘레를 매우 정확하게 추정해 낼 수 있었어요.

에라토스테네스의 업적은 여기서 끝나지 않았어요. 지구를 연구하는 **지리학**을 창시하고, 또 중요한 장소 사이에 정확한 거리를 표기한 최초의 **지도**를 만들었지요.

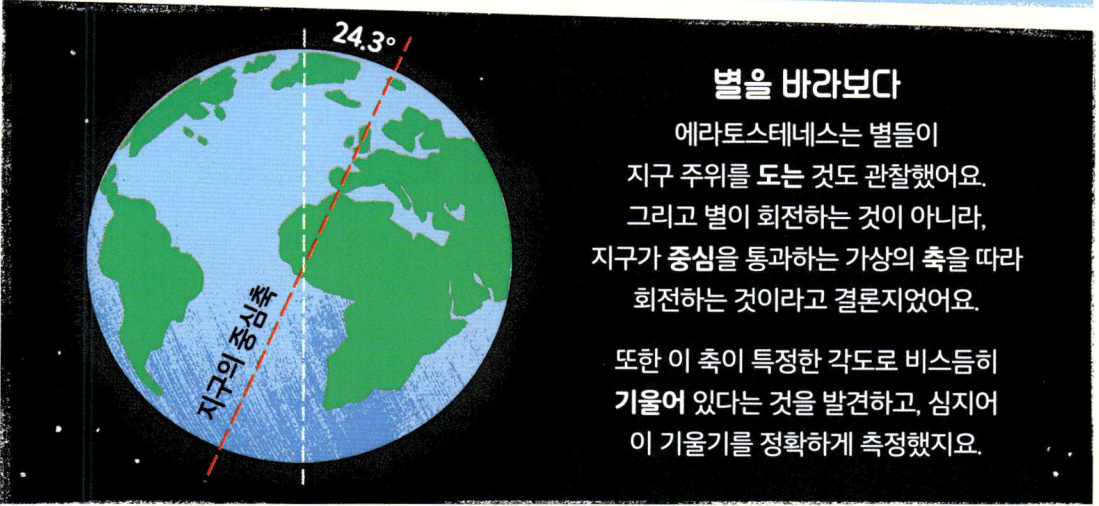

별을 바라보다

에라토스테네스는 별들이 지구 주위를 **도는** 것도 관찰했어요. 그리고 별이 회전하는 것이 아니라, 지구가 **중심**을 통과하는 가상의 **축**을 따라 회전하는 것이라고 결론지었어요.

또한 이 축이 특정한 각도로 비스듬히 **기울어** 있다는 것을 발견하고, 심지어 이 기울기를 정확하게 측정했지요.

인터넷 통신 규약을 만든 과학자

오늘날 인터넷은 널리 사용되고 있어서 당연한 것으로 여기기 쉬워요. 하지만 모든 컴퓨터를 일괄적으로 제어할 수는 없어요. 따라서 수많은 컴퓨터가 질서 있게 정보를 **주고받을** 수 있는 영리한 사고방식이 필요했지요. 이런 규칙이 생긴 후에야 비로소 **인터넷**이 가능해졌어요.

1963년 미국
컴퓨터 과학자들은 컴퓨터를 연결해 정보를 공유할 수 있는 방법을 논의했어요.

연결하다
1967년, 미국 국방부의 지원을 받아 소규모 컴퓨터 **네트워크**인 **아르파넷**(ARPANET)이 개발되기 시작했어요. 1970년, 미국 서부와 동부 해안의 컴퓨터 네트워크가 연결되었지만, 이 실험 결과에 대해서는 아직까지 명확히 알려진 바가 없어요.

뻗어 나가다
1972년, 미국의 컴퓨터 과학자 **로버트 칸**은 다른 컴퓨터 전문가들에게 어떻게 아르파넷이 20대의 컴퓨터를 연결하여 작동하는지를 보여 주었어요. 그때서야 사람들은 아르파넷이 지닌 가능성을 깨닫게 되었지만, 아직 더 많은 작업이 필요했어요.

별의 운명을 계산하다

1930년, 인도의 젊은 천체 물리학자인 **수브라마니안 찬드라세카르**는 중요한 수학 계산을 했어요. 그 작업은 결국 우주에서 가장 신비한 두 가지, **중성자별**과 **블랙홀**의 존재를 설명해냈지요.

크기 문제

별은 수백만 년 동안 밝게 타지만 결국 식어서 사라져요.
찬드라는 별의 **크기**에 따라 다른 단계를 거친다는 것을 증명했어요.

태양과 같은 **중간 크기**의 별이 죽을 때는 '**백색 왜성**'이 돼요.
백색 왜성은 모든 것을 다 불태울 때까지 밝은 흰색으로
빛나는 작고, 차갑고, 놀랍도록 밀도가 높은 별이에요.

계산에 따르면
태양보다 약 4~8배 무거운 **큰 별**은
백색 왜성이 되지 않아요.

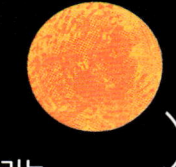

그 대신 붕괴하여 '**중성자별**'이라 불리는
매우 작고 무거운 별이 되지요.

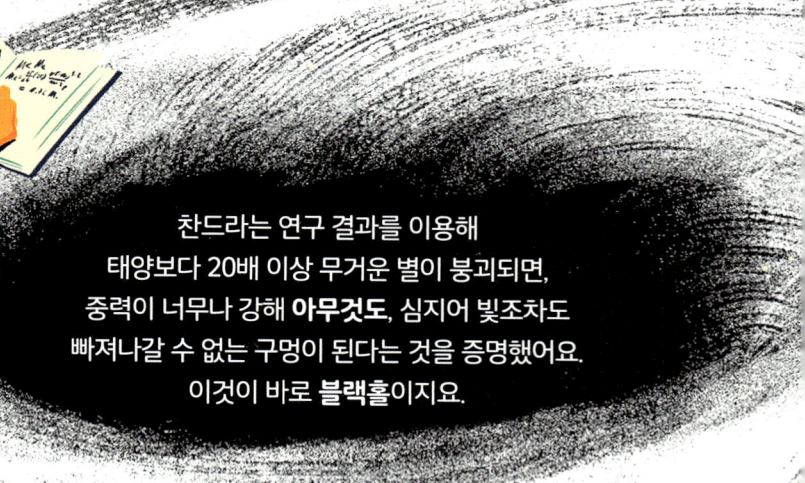

찬드라는 연구 결과를 이용해
태양보다 20배 이상 무거운 별이 붕괴되면,
중력이 너무나 강해 **아무것도**, 심지어 빛조차도
빠져나갈 수 없는 구멍이 된다는 것을 증명했어요.
이것이 바로 **블랙홀**이지요.

선원과 과학자가 길을 찾도록 돕다

고대에는 교육을 받을 수 있는 여성이 거의 없었어요. 이러한 상황에도 불구하고 약 2,000년 전 이집트 알렉산드리아에 가장 존경받는 학자 중에 '**히파티아**'라는 여성이 있었어요. 히파티아는 **철학**, **천문학**, **수학** 등 많은 분야에 중요한 기여를 했지요.

아스트롤라베

별을 읽다

히파티아는 별과 행성의 위치를 관측하는 데 사용되는 도구인 **아스트롤라베**를 만드는 데 아주 능숙했어요. 아스트롤라베는 선원들이 바다에서 길을 찾는 데 큰 도움을 주었어요.

> 저는 당시 여성이라면 상상도 할 수 없던 공개 강의를 하며 파장을 불러일으켰어요.

학문의 도시

고대 알렉산드리아는 도시를 가득 채운 **박물관**과 **학교**로 유명했어요. 여러 나라의 학생들이 히파티아에게 배우기 위해 먼 곳에서 왔지요.

히파티아는 정치적으로나 종교적으로 불안한 시대에 살았어요. 그래서 슬프게도 415년 혹은 416년에 **살해당하고** 말았어요.

자연계를 정리하는 18세기의 안내서

생물을 구분하고 그것들이 서로 어떻게 관련되어 있는지를 보기 위해,
현대 과학자들은 스웨덴 식물학자 **칼 린네**가 개발한 **분류 체계**를 사용해요.
린네는 **동물, 식물, 광물**의 세 가지 큰 집단으로 분류한 다음,
이들을 점점 더 작은 범주로 나누었지요.

아래의 예시는 린네의 동물 분류법에 따라 **흑곰**이 어떤 범주에 들어가는지 보여 줘요.
현대의 분류 체계는 훨씬 더 상세하고 복잡하답니다.

계: 동물계
계라고 불리는 이 거대한 집단은 아주 작은 벌레부터 달팽이, 새, 해양 동물 그리고 **흑곰**까지 **모든** 동물을 포함해요.

강: 포유류강
동물계는 여러 개의 **강**으로 나뉘어요. 그중 하나는 새끼에게 젖을 먹이는 동물, 즉 **포유류**예요. 여기에는 박쥐, 돌고래, 캥거루 그리고 **흑곰** 등이 포함돼요.

목: 육식동물목
흑곰, 호랑이 및 몽구스를 포함한 일부 포유류는 고기를 먹는 **육식동물**로 알려진 집단(**목**)에 들어가요.

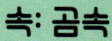

속: 곰속
곰은 고기를 먹는 포유류에 속하는 집단(**속**) 중 하나예요. **흑곰**, 판다, 불곰 등이 포함돼요.

이 분류를 살펴보면 흑곰은 다른 곰들과 가장 밀접한 관련이 있으며, 육식을 하는 다른 포유류들과는 상대적으로 관련이 멀다는 것을 알 수 있지요.

종: 흑곰종
곰 안에 있는 작은 집단(**종**) 중에서 **흑곰**만을 일컬어요.

84. 회전하는 은하에서 **암흑 물질까지**

우주에는 여전히 많은 비밀이 숨겨져 있어요.
그러나 한 천문학자의 꼼꼼한 관찰 덕분에,
우리는 그중 하나를 이해하는 데 한층 가까워졌어요.

1970년대 후반 미국

천문학자 **베라 루빈**은 우주에서 회전하는
나선형 모양의 안드로메다은하를 연구하고 있었어요.
루빈은 바깥에 있는 별들이 가운데에 있는 별들보다
훨씬 느리게 움직일 것이라 예상했어요. 하지만 실제로는
모든 별들이 **정확히 같은 속도로** 움직이고 있었지요.

루빈은 60개가 넘는 나선 은하를 연구했고,
매번 **같은 결과**를 얻었어요. 별의 회전 속도에 따르면
분명 은하계 전체가 **산산이 흩어져야** 할 텐데,
왜 그런 일이 일어나지 않을까요?

루빈은 자신의 발견을 **암흑 물질**에 관한
다른 과학자들의 이론과 연결했어요.
'암흑 물질'이란 별이나 은하 등
다른 주변 물질에 미치는 영향으로만
그 존재를 감지할 수 있는 물질이에요.

루빈은 은하계에서 별들을 **한데 묶어**
주는 것이 암흑 물질일 것이라
결론지었어요. 당시 과학자들은
암흑 물질의 존재를 믿지 않았지만,
루빈의 결과 또한 무시할 수 없었지요.

루빈의 발견이 이루어진 지 40년 후, 이제 암흑 물질이
우주의 약 85퍼센트를 구성하고 있다고 알려졌어요.
하지만 무엇으로 이루어졌는지는 아직 밝혀지지 않았지요.

수백만 명에게 희망을 안겨준 시험관 아기

대부분의 여성은 난소에서 배란된 하나의 난자가 **수정**에 성공하면 임신을 해요. 하지만 몇몇 여성에게는 불가능한 일이었어요. 1960년대, **세 명의 열정적인 과학자**가 임신에 어려움을 겪고 있는 여성에게 희망을 주는 수술을 개발했어요.

1960년대 영국
의사 **로버트 에드워즈**는 난소에서 난자를 **채취**해 실험실에서 수정하는 것이 가능하다고 확신했어요. 유일한 문제는 이 작업을 어떻게 수행할 것인가였어요.

한편, 외과 의사였던 **패트릭 스텝토**는 **복강경** 수술의 선구자였어요. '복강경'이란 작은 카메라와 불빛을 단 가늘고 긴 관으로, 환자의 배안에 넣어 검사와 채취를 할 수 있고, 환자의 불임 문제를 **진단**할 수 있었지요.

스텝토는 복강경을 사용하면 불임 문제도 **치료**할 수 있을지도 모른다고 생각했어요.

힘을 합치다

1966년, 에드워즈와 스텝토는 손을 잡았어요. 복강경을 사용하여 난자를 채취한 후, 유리 배양 접시에서 수정했어요. 그런 다음 수정란을 엄마의 몸에 이식했지요. 이 수술은 **체외 수정**으로 알려지게 되어요.

난자는 배양 접시에서 수정되어요.

1968년 간호사 **진 퍼디**는 **시험관 아기 시술**을 돕기 위해 실험실 기술자로서 에드워즈와 스텝토 일행에 합류했어요.

수정된 난자

퍼디는 곧 팀에서 없어서는 안 될 아주 중요한 역할을 차지했어요. 퍼디는 에드워즈가 백여 회의 시험관 아기 시술을 할 수 있도록 도왔어요. 하지만 시술을 받은 그 누구도 **임신을 유지**하지 못했어요.

드디어 성공!

15년 동안 아이를 가지지 못한 '레슬리 브라운'이라는 환자는 다행히 임신이 유지되었어요. 1978년 7월 25일, 레슬리는 **세계 최초의 시험관 아기**인 루이스 브라운을 낳았지요.

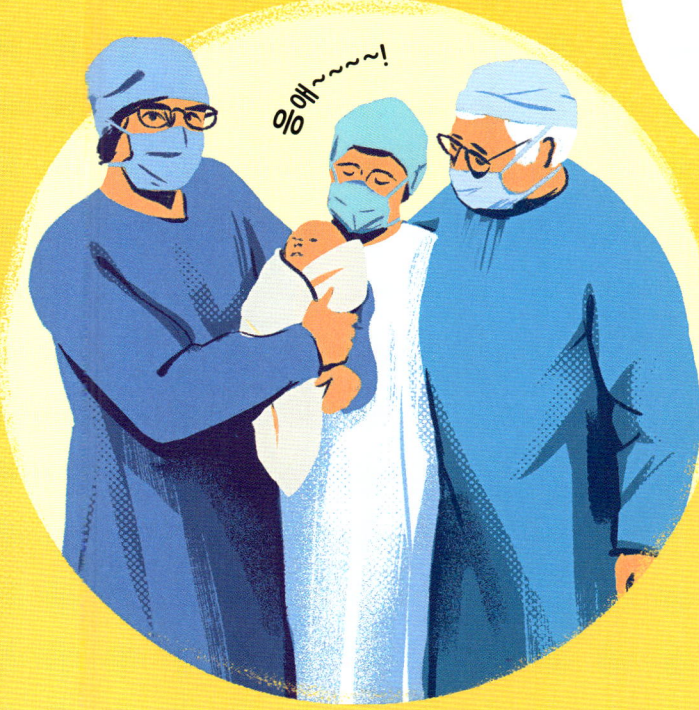

새로운 시대가 열리다

루이스의 탄생으로 이전에는 아이를 가질 수 없었던 수천 명의 사람들이 희망을 가지게 되었어요. 에드워즈, 스텝토 그리고 퍼디는 **최초의 인공수정 병원**을 세웠어요. 이후 시험관 아기 시술 덕분에 전 세계에서 **8백만 명**이 넘는 아이들이 태어났지요.

치명적인 질병을 없앤 소, 블라섬

18세기 동안에, '**천연두**'라고 불리는 심각한 질병이 전 세계를 휩쓸었어요. 한 의사는 치료제를 발견하고 수백만의 생명을 구했어요. 이 모든 것은 '**블라섬**'이라는 한 마리의 소 덕분이었지요.

1773년 영국
시골 의사였던 **에드워드 제너**에게 소젖 짜는 일을 하는 여성이 찾아왔어요. 그녀는 팔에 부스럼이 나 있었고, **천연두**에 걸린 것이 아닐까 두려워하고 있었어요.

"선생님, 이게 천연두인가요?"

그 여성이 앓은 것은 '**우두**'라는 가벼운 질병으로, 자신의 소인 **블라섬**에게서 옮은 것이었어요.

제너가 관심을 보이다
마을에는 소젖을 짜는 사람들은 천연두에 걸리지 않는다는 **이야기가 퍼져** 있었어요. 우두가 천연두로부터 사람들을 **보호한** 것일까요?

제너는 그 여성의 몸에 난 부스럼에서 우두 샘플을 채취해 마을 소년에게 주입했어요. 소년은 우두를 앓았지만 **회복**되었어요.

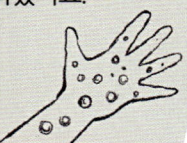

두 달 후, 제너는 소년에게 천연두 균을 주입했어요. 하지만 소년은 **천연두에 걸리지 않았지요.**

제너는 자신의 아들을 포함하여 여러 사람에게 실험했어요. 그리고 1798년, 연구 결과를 발표했지요.

치료법에 관한 소식이 전 세계로 퍼졌어요. 이 방법은 '소'를 뜻하는 라틴어 바카(vacca)에서 따와 **백신**으로 알려졌어요. 제너는 사람들에게 천연두 **예방 접종**을 하는 방법을 가르치며 남은 생애를 보냈어요.

모든 위험이 사라지다
1979년, 세계 보건기구 (WHO)는 마침내 천연두 **박멸**을 선언했어요.

깊숙한 곳을 탐험하다

1800년대 말 이전까지 과학자들은 바다에 사는 생물들은 **햇빛**이 닿는 곳에서만 살고 있다고 생각했어요. 영국의 해양 생물학자 **찰스 와이빌 톰슨**은 이 생각이 틀렸음을 증명했어요.

노르웨이의 생물학자 마이클 사스가 **아주 깊은** 바닷속으로 내린 그물에서 물고기를 잡았다는 이야기를 들었거든요.

1868년 그리고 1869년

톰슨은 바다 밑으로 그물을 끌면서 **대서양**을 건넜어요. 그 결과 **빛이 닿지 않는** 아주 깊은 곳에서 살아가는 물고기, 산호, 해면, 불가사리 등을 발견했어요.

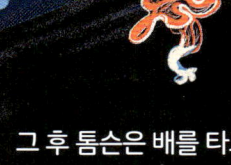

그 후 톰슨은 배를 타고 대서양, 태평양 그리고 인도양을 탐험했어요. 톰슨이 이끄는 팀은 그때까지 알려지지 않았던 **4,000종** 이상의 생물종을 발견했어요. 이것으로 심해 생물이 **전 세계** 바다에 존재한다는 것이 증명되었지요.

90 과학 법칙을 세우는 데 도움을 준 문어

고대에는 과학자들을 위한 **법칙**이 없었기 때문에 **과학적 사실**인 것과 아닌 것을 **스스로 결정해야** 했어요. 그래서 과학 이론 중 상당수는 과학적으로 정확하지 않은 **전통**이나 **전설** 또는 전해오는 **이야기**를 기반으로 하지요. 그러던 약 2,300년 전, 그리스에서 변화가 생겨났어요.

신중한 관찰

고대 그리스의 과학자이자 사상가인 **아리스토텔레스**는 세상에 대해 정확히 배울 수 있는 유일한 방법은 듣고, 만지고, 맛보고, 냄새 맡는 등 **주의 깊게 살펴보는** 것이라고 깨달았어요.

아리스토텔레스는 식물, 동물(문어를 포함해서), 별과 행성을 자세히 살펴보고, 알아낸 것을 **기록**했어요. 이것은 다른 과학자가 아리스토텔레스의 관찰을 **확인**할 수 있다는 것을 의미했지요.

추가적인 실험

나중에 알하이삼(83쪽을 보세요)과 같은 과학자들이 아리스토텔레스의 사례를 따랐어요. 더 나아가 다른 사물과 정확하게 비교하기 위해서 사물을 **측정**하고, 또 사물이 어떻게 반응하는지 알아보기 위한 **실험**도 했지요.

수학도 활용하다

이탈리아의 과학자 갈릴레이(26쪽을 보세요)는 측정하고, 실험하고, 관찰하고 기록을 남겼어요. 또 관찰한 내용을 기록할 때 단어 대신 **수학**을 사용하기도 했어요.

과학적 방법

이 모든 기법은 이제 과학자들을 위한 법칙인, **과학적 방법**의 일부가 되었어요. 이 방법은 과학자들이 자신의 연구 결과를 비교하고, 과학적 사실이 맞는지 아닌지 판단하는 데 도움을 주고 있어요.

91 무엇이 성별을 결정할까

과학자가 동물이나 사람의 **성별**을 결정하는 원인을 발견하게 된 것은 100년이 채 되지 않았어요. 그 해답은 바로 **염색체**랍니다.
염색체는 생물을 이루는 가장 기본 단위인 **세포** 안에 들어 있는 구조물이에요.

1905년 미국

생물학자 **네티 스티븐스**는 나비, 초파리 그리고 딱정벌레를 연구하고 있었어요. 스티븐스는 곤충들의 **번식**에 관여하는 세포를 관찰했어요.

스티븐스는 **암컷**의 세포에서 두 개의 **X자 모양 염색체**를 발견했어요. **수컷**은 하나의 X 염색체와 하나의 Y 염색체를 가지고 있었지요.

스티븐스는 놀라운 사실을 알게 되었어요.

암컷은 자손에게 각각 X를 전달해요.   **수컷**은 X 또는 Y를 전달할 수 있어요.

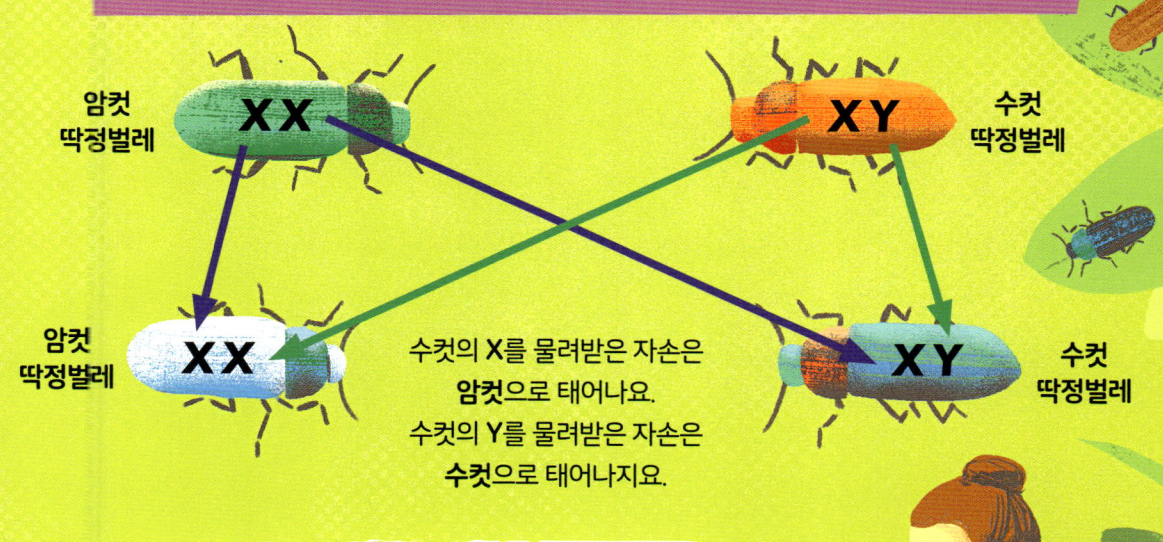

암컷 딱정벌레 X X   수컷 딱정벌레 X Y

수컷의 X를 물려받은 자손은 **암컷**으로 태어나요.
수컷의 Y를 물려받은 자손은 **수컷**으로 태어나지요.

암컷 딱정벌레 X X   수컷 딱정벌레 X Y

저의 연구 결과는 곤충뿐 아니라, **사람**에게도 해당되지요. 아기가 **남자**인지 **여자**인지를 결정하는 것은 **아버지가 가진 염색체**랍니다.

92 신들의 손에서 병을 빼앗다

약 2,400년 전, 고대 그리스 사람들은 질병의 원인이 **악령**이나 **신의 분노** 때문이라고 믿었어요. 하지만 한 명의 의사, **히포크라테스**는 그렇게 생각하지 않았어요.

히포크라테스는 그리스의 코스섬에 의과 대학을 설립하고, 여러 **질병**의 원인과 치료법 연구에 매진했어요.

히포크라테스는 환자를 세심히 관찰하여 질병에는 **자연적인 원인**이 있다고 확신하게 되었어요.

저는 심장과 폐 질환을 **진단**하고, 생각이 심장이 아닌 뇌에서 생겨난다고 주장한 **최초의 의사**였지요.

히포크라테스는 진료 중 알게 된 환자의 **비밀**을 지키는 등 의사가 환자를 대하는 새로운 태도 방식을 가르치기도 했어요.

고대부터 현대까지

오늘날 의사가 된 이들은 히포크라테스의 가르침에 따라 **의료 윤리**를 지킬 것을 약속해요. 이것을 '**히포크라테스 선서**'라고 해요.

달에 사람을 보낸
인간 컴퓨터

우주 비행이 이루어진 초창기에 항공 우주국들은 우주선이 날아가야 하는 각도, 경로, 이륙 시간 등 엄청나게 **복잡한 계산을 컴퓨터**가 아닌 **사람**에게 의존해야 했어요. 그때 그 길을 이끌던 한 명의 뛰어난 수학자가 있었어요.

1953년 미국
아프리카계 미국인 수학자 **캐서린 존슨**은 **미국 항공자문위원회**에서 일하고 있었어요. 존슨은 '인간 컴퓨터'라고 불릴 정도로 항공 비행에 필요한 모든 계산을 뛰어난 실력으로 수행해냈어요.

우주 비행
1958년 미국 항공자문위원회는 **나사**(NASA, 미국항공우주국)이 되었어요. 존슨은 이제 우주 비행을 위한 계산을 했지요. 나사는 1962년에 전자 컴퓨터를 사용하기 시작했지만, 존슨에게 정확도를 확인해 달라고 요청했어요.

1969년, 나사는 최초로 달에 사람을 착륙시키는 데 성공했어요. 존슨의 계산은 임무 성공에 결정적인 역할을 했지요.

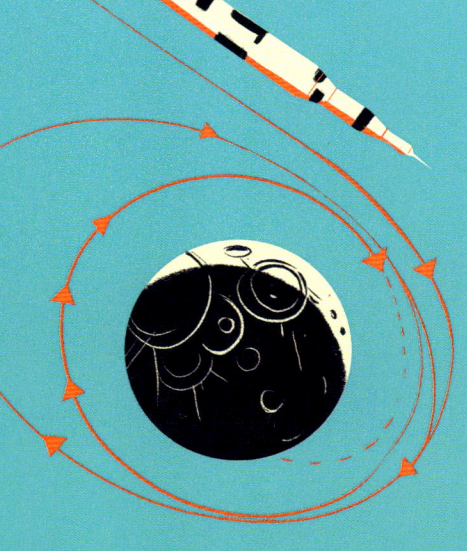

2015년, 존슨은 미국 최고의 시민상인 **대통령 자유 훈장**을 받았어요.

지질학을 발명한 과학자

1700년대 후반까지, 사람들은 지구의 모습이 처음부터 **변하지 않고** 그대로 유지된다고 믿었어요. 그러나 한 과학자는 **자연의 힘**이 매우, 매우 느리지만 끊임없이 오래된 암석들을 **파괴**하고 새로운 것을 **만든다**는 사실을 알아냈지요.

1760년 스코틀랜드

농부이자 자연과학자인 **제임스 허턴**은 암석이 어떻게 형성되는지 연구했어요. 허턴은 암석이 끊임없이 **순환**한다고 생각했지요.

암석의 순환 과정

1. 바람과 비는 오래된 바위를 닳게 해 진흙이나 모래로 만들어요.
2. 강은 천천히 진흙과 모래를 씻어내려 바다와 넓은 대양으로 보내요.
3. 진흙과 모래가 해저에서 층을 이루어요. 가장 높은 층은 바닥층을 짓눌러 새로운 바위를 만들어요.
4. 지구 중심에서 나오는 압력과 열은 새로운 암석을 표면으로 밀어 올려요.
5. 녹은 상태의 새로운 암석 일부는 화산 폭발을 통해 지표면으로 올라가고, 굳으면서 새로운 언덕과 산을 만들어요.
6. 이런 과정이 반복되어요.

처음에 저의 이론은 **논란**이 많아 과학자들에게 거의 관심을 받지 못했어요. 하지만 결국에는 인정받았고, 새로운 과학 분야인 암석 연구, 즉 **지질학**을 탄생시켰지요.

95 대륙의 퍼즐을 풀다

오랫동안 누구도 지구 **대륙**의 경계면이 왜 그런 모양을 가지는지 알지 못했어요. 나는 대륙들이 마치 **직소 퍼즐** 조각처럼 보였고 그 이유를 설명하는 이론을 만들었지요.

2억 2000만 년 전

1912년 독일

극지 탐험가이자 기상학자인 **알프레트 베게너**는 모든 대륙이 한때 하나의 **초대륙**으로 합쳐져 있었다고 제안했어요. 초대륙이 수백만 년에 걸쳐 여러 대륙으로 분리되어, 점점 멀리 **떨어지게** 된 것이라고 제안했지요.

1억 3500만 년 전

베게너는 떨어져 있는 다른 대륙 사이에서 비슷한 **암석과 화석**을 발견하여, 대륙들이 한때 붙어 있었다는 증거라고 주장했어요. 베게너의 이론을 '**대륙 이동설**'이라고 불러요. 하지만 **어떻게** 대륙이 그렇게 멀리까지 이동하게 되었는지는 설명하지 못했어요.

현재

움직이는 판

1950년대부터 과학자들은 해답을 찾았어요. 지구의 지각은 끊임없이 움직이는 **판**으로 이루어져 있어요. 지구의 지각을 연구하는 과학 분야를 '**판구조론**'이라고 하며, 이는 모두 베게너의 이론에서 시작되었어요.

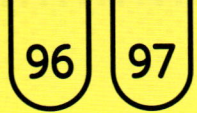

심장에서 일어나는 순환을 밝혀내다

수 세기 동안 과학자들은 어떻게 **혈액**이 **심장**을 통해 온몸을 도는지 궁금했지만, 답을 찾지 못했어요. 두 명의 과학자가 이 수수께끼를 풀어내기 시작했어요. 둘 사이에는 비록 300년이라는 시대 차이가 있었지만요.

13세기 이집트

시리아에 '**이븐 알나피스**'라는 의사가 있었어요. 알나피스는 당시 대부분의 의사가 의존했던 고대 의학서보다는 **세심한 관찰**이 더 신뢰할 만하다고 생각했어요.

알나피스는 직접 조사를 하여 **심장**과 **폐**가 어떻게 함께 일하는지 알아낸 최초의 사람이었어요.

> 혈액은 **오른쪽** 심장에서 **공기**가 들어오는 장소인 폐로 흘러갑니다. 그다음, 온몸을 **순환**하기 전에 **왼쪽** 심장으로 흐르지요.

몸 위쪽에서 들어오는 혈액

심장

폐에서 왼쪽 심장으로 가는 혈액

혈액은 **오른쪽 심장**으로 들어가요. 그리고 펌프 작용으로…

…혈액을 폐로 보내 산소를 공급받아요.

이 그림은 혈액이 어떻게 심장을 통해 흐르는지 보여 주지요.

→ **산소가 많이** 포함된 혈액

→ **산소가 적게** 포함된 혈액

몸 아래쪽에서 들어오는 혈액

머리와 팔로 가는 혈액

혈액은 온몸에 산소를 전달해요.

폐로 이동해요

페에서 왼쪽 심장으로 가는 혈액

왼쪽 심장은 펌프 작용으로 혈액을 온몸으로 내보내요.

몸 아래쪽으로 나가는 혈액

300년 후

영국 의사 **윌리엄 하비**가 알아낸 사실도 알나피스와 비슷했지만, 하비의 연구는 한 걸음 더 나아갔어요.

하비가 관찰한 것은 다음과 같아요.

- 심장은 혈액을 펌프질하여 **동맥**을 따라 온몸으로 내보내요.
- 혈액은 **정맥**을 통해 심장으로 돌아와요.
- 정맥에는 작은 덮개인 **판막**이 있어요.

이러한 발견은 하비를 새로운 이론으로 이끌었지요.

전 궁금했어요.

정맥의 판막은 혈액이 **한 방향으로만** 일정하게 흐르도록 **조절**하는 역할을 하지 않을까?

자신의 이론을 시험하다

하비는 정맥을 흐르는 액체가 반대 방향으로 가도록 해 보았어요. 하지만 판막이 닫히며, 액체가 잘못된 방향으로 흘러가는 것을 막았지요. 하비의 생각이 맞았어요.

98 컴퓨터에게 언어를 가르다

초기 컴퓨터를 실행시키려면 수학자가 **수학 기호로 이루어진 명령문을** 작성해서 입력해야 했어요. 이 일을 '**프로그래밍**'이라고 해요.
1950년대, 수학자 **그레이스 호퍼**는 프로그래밍을 더 쉽게 만들기로 했어요.
호퍼는 숫자와 기호 대신 **단어**를 사용하는 첫 번째 프로그래밍 시스템을 만들었어요.

맨 처음 호퍼가 컴퓨터 전문가들에게 단어를 사용하는 프로그래밍 시스템을 만들 수 있다고 했지만, 믿지 않았어요. 하지만 호퍼는 계속 일을 추진해 나갔어요.

1959년, 호퍼는 **플로우 매틱**(FLOW-MATIC)을 개발했어요. 프로그래머는 특정 종류의 컴퓨터에 단어를 사용해서 명령을 입력할 수 있었어요. 그러면 컴퓨터는 단어를 수학 **기호로 바꾸어** 주었지요.

갑자기 수학자가 아닌 일반 사람들도 컴퓨터를 프로그래밍할 수 있게 되었어요. 기업들은 이것이 얼마나 많은 시간과 돈을 절약할 수 있는지 한눈에 알아보았어요. 호퍼는 플로우 매틱과 비슷하지만 **모든 컴퓨터**에 적용되는 단어 기반의 시스템, **코볼(COBOL)**을 개발해 달라는 요청을 받았어요.

코볼은 엄청난 인기를 끌었고, 지금까지 사용되고 있어요. 오늘날에는 이 새로운 기술 덕분에 사람들은 컴퓨터와 **대화**도 할 수 있어요. 하지만 컴퓨터가 단어를 이해할 수 있다는 사실을 증명하며 그 길에 첫발을 내딛은 것은 바로 그레이스 호퍼였지요.

공간과 시간을 발견하다

1550년대 초, 네덜란드 물리학자 **크리스티안 호이겐스**는 매우 성능이 좋은 망원경을 만들어 태양계에서 놀라운 사실을 발견했어요.

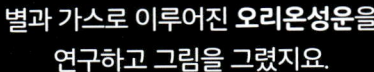

토성이 **고리**로 둘러싸여 있다는 것을 알아냈어요.

또한 토성의 가장 큰 위성인 **타이탄**을 발견했어요.

별과 가스로 이루어진 **오리온성운**을 연구하고 그림을 그렸지요.

호이겐스는 **화성**의 화산 평원 외에도, 다른 행성의 표면을 관찰하고 특징을 찾아낸 첫 번째 사람이었지요.

시간을 정확히 가리키다

천문학자들이 별을 추적하기 위해서는 시간을 정확하게 지켜야 했어요. 호이겐스는 **진자**의 운동을 이용하여 시간을 측정하는 시계도 만들었어요. 그 시계는 당시 어느 시계보다도 가장 정확하게 시간을 가리켰지요.

새로운 파동 이론

1678년, 호이겐스는 빛이 **파동**의 성질을 가진다고 주장했어요. 과학자들은 대부분 동의하지 않았지만, 나중에 호이겐스의 이론이 옳다고 판명됐어요. 파동 이론은 광선의 굴절 현상을 설명하는 데 도움을 줘요.

지저분한 실험실이
수백만 명의 생명을 구하다

최초의 항생제는 우연히 발견되었어요. 한 영국 과학자가 어질러진 실험실 구석에서 자라고 있는 알 수 없는 곰팡이를 찾은 순간에 말이에요.

1928년 런던
알렉산더 플레밍은 실험실에서 **세균**을 배양하고 있었어요. 한달 동안 휴가를 보내고 돌아온 날이었어요.

재미있군! 한 접시에 **이상한 곰팡이**가 자라났어.

플레밍은 더 자세히 관찰해 보았어요. 곰팡이 근처의 세균은 **죽었지만**, 멀리 떨어져 있는 세균은 **여전히 살아 있었어요**.

곰팡이
세균

플레밍은 곰팡이에서 화학 물질을 추출한 후 '**페니실린**'이라고 이름 붙였어요. 하지만 환자들을 치료할 만큼 충분한 양을 만들지는 못했지요.

1940년대
하워드 플로리와 어네스트 보리스 체인은 세균으로 인한 **심각한 감염**을 치료할 수 있는 페니실린을 **대량 생산**하는 방법을 개발했어요.

노벨상을 받다

1945년에 플레밍과 플로리, 체인 세 과학자는 **노벨상**을 공동 수상했어요. 페니실린은 **수백만 명의 생명을** 구했어요.

더 많은 정보가 있어요!

이 책에서 만난 100명의 과학자와
위대한 발견을 연대표를 통해 살펴보아요.
또한 본문에 실린 과학 용어의 뜻이
풀이되어 있답니다.

연대표

*이름 앞에 쓰인 번호는 본문에서 만난 과학자들의 순서를 나타낸 거예요.

78 에라토스테네스
기원전 276년~194년
최초로 **지구의 둘레**를 정확히 측정한 이집트 알렉산드리아에서 활동한 그리스의 과학자.

92 히포크라테스
기원전 460년~370년경
심장과 폐에 생긴 **병을 진단한** 최초의 그리스 의사.

90 아리스토텔레스
기원전 384년~322년
자연을 주의 깊게 관찰하는 것에 기반을 둔 **과학적 방법**을 고안한 그리스의 사상가.

82 히파티아
360년~415년경
알렉산드리아에서 활동한 그리스의 천문학자, 수학자이자 **영향력 있는 스승**.

'경'이라는 말은 정확한 날짜를 알 수 없다는 뜻이에요.
기원전이란 예수가 태어나기 전의 시대를 의미하며, 1년부터 거꾸로 세어요.

58 고트프리트 라이프니츠
1646년~1716년
뉴턴과 독립적으로 **미적분학**을 발명한 독일의 수학자.

모든 작용에는 항상 크기는 같고 방향은 반대인 반작용이 존재하지요.

99 크리스티안 호이겐스
1629년~1695년
최초로 **진자시계**를 만든 네덜란드의 물리학자, 천문학자이자 발명가.

64 아이작 뉴턴
1643년~1727년
운동의 법칙과 **중력**을 발견한 영국의 물리학자, 천문학자이자 수학자.

30 로버트 훅
1635년~1703년
직접 만든 **현미경**으로 생명체를 이루는 기본 단위인 **'세포'**를 발견하여 이름 붙인 영국의 과학자.

51 마리아 지빌라 메리안
1647년~1717년
곤충의 한살이에 관한 영향력 있는 책을 쓴 독일의 예술가이자 자연과학자.

94 제임스 허턴
1726년~1797년
암석의 형성 과정을 연구하여 현대 **지질학**의 기초를 세운 영국의 농부이자 자연과학자.

83 칼 린네
1707년~1778년
생물을 여러 범주로 체계화한 **분류법**을 만든 스웨덴의 식물학자.

16 윌리엄 허셜
1738년~1822년
영국 국왕 조지 3세 때, **천왕성**을 발견한 독일 출신의 영국 천문학자.

9 무하마드 이븐무사 알콰리즈미
780년~850년경

대수학을 발명한 페르시아의 수학자.

43 이븐 시나
980년~1037년

중동과 유럽 전역의 의사들이 사용하는 **의학서**를 쓴 현재의 우즈베키스탄 출신의 의사.

3 브라마굽타
598년~668년

최초로 **0**의 존재와 0보다 작은 수의 개념을 설명한 인도 수학자.

74 이븐 알하이삼
965년~1040년

광학(빛의 성질을 다루는 학문)과 우리 눈이 물체를 인식하는 원리를 연구한 아랍의 과학자.

68 심괄
1031년~1095년

자신의 과학적 발견을 모아 『**몽계필담**』을 쓴 중국 정부의 관리.

96 이븐 알나피스
1213년~1288년

심장과 폐를 통해 이루어지는 **혈액 순환** 과정을 최초로 정확히 설명한 시리아의 의사.

20 갈릴레오 갈릴레이
1564년~1642년

목성의 위성을 3개나 발견하고, 지구가 태양을 공전한다는 **코페르니쿠스의 이론을 증명**한 이탈리아 천문학자.

97 윌리엄 하비
1578년~1657년

우리 몸에서 일어나는 **혈액 순환** 과정을 밝혀낸 영국의 의사.

76 안드레아스 베살리우스
1514년~1564년

인체 해부학에 관한 가장 영향력 있는 책을 쓴 벨기에 브뤼셀 출신의 의사.

53 니콜라우스 코페르니쿠스
1473년~1543년

지구가 태양 주위를 돈다는 이론을 내세운 폴란드의 천문학자.

13 앙투안 라부아지에
1743년~1794년

산소를 발견하고 이름을 붙인 프랑스의 화학자.

> 자연에는 새로 생겨나거나 사라지는 것은 없습니다. 모든 것이 변할 뿐이지요.

88 에드워드 제너
1749년~1823년

천연두 **백신**을 발견한 영국의 의사.

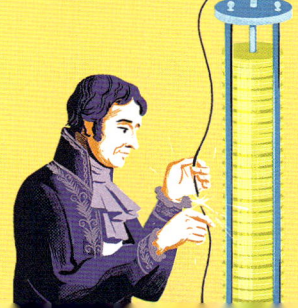

33 알레산드로 볼타
1745년~1827년

세계 최초로 **전지**를 만든 이탈리아의 물리학자이자 화학자.

111

17 캐롤라인 허셜
1750년~1848년

독일 출신의 영국 천문학자이자, **영국 최초로 급여**를 받은 여성 **전문** 과학자.

50 알렉산더 폰 훔볼트
1769년~1859년

인간의 활동으로 인한 **기후 변화**를 최초로 언급한 독일의 자연과학자이자 탐험가.

남자든 여자든 모두 같은 이유로 연구를 하지요.

46 왕 젠이
1768년~1797년

월식의 원인을 발견한 중국의 천문학자.

21 조지 퀴비에
1769년~1832년

동물 종이 **멸종**할 수 있음을 최초로 증명한 프랑스 동물학자.

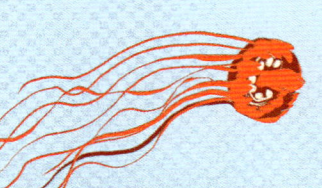

31 빌헬름 뢴트겐
1845년~1923년

엑스선을 발견한 독일의 물리학자.

61 드미트리 멘델레예프
1834년~1907년

오늘날까지 사용하는 화학 원소의 **주기율표**를 만든 러시아의 화학자.

89 찰스 와이빌 톰슨
1830년~1882년

심해 생물의 존재를 최초로 증명한 영국의 해양생물학자.

52 로베르트 코흐
1843년~1910년

결핵, 탄저병 및 콜레라를 유발하는 **세균**을 발견한 독일의 의사이자 미생물학자.

14 제임스 클러크 맥스웰
1831년~1879년

자기, 빛, 전기가 모두 **전자기파**라는 것을 증명한 영국의 물리학자.

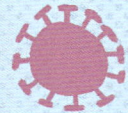

39 알렉산더 그레이엄 벨
1847년~1922년

전화기를 발명한, 스코틀랜드 출신의 캐나다와 미국의 발명가.

72 조지 워싱턴 카버
1864년~1943년

토양의 품질을 개선하기 위해 여러 **농사법**을 장려한 미국의 농업 과학자.

73 토머스 에디슨
1847년~1931년

최초로 산업적 과학 연구소를 설립하고, **전구**를 만든 발명가.

70 스반테 아레니우스
1859년~1927년

산과 염기를 연구하다 **지구 온난화**를 예측한 스웨덴의 과학자.

91 네티 스티븐스
1861년~1912년

성염색체를 발견한 미국의 유전학자.

55 리처드 트레비식
1771년~1833년
최초로 **증기 기관차**를 만든 영국의 기술자.

1 찰스 배비지
1791년~1871년
세계 **최초의 컴퓨터**
(실제로 만들어지지는 않았지만)를 설계한 영국의 수학자.

12 마이클 패러데이
1791년~1867년
전기 실험을 하며 최초의 **발전기**를 발명한 영국의 과학자.

41 메리 애닝
1799년~1847년
수많은 **선사 시대 생물**들을 발견한 영국의 화석 수집가.

44 루이 파스퇴르
1822년~1895년
세균이 음식을 상하게 하고 질병을 일으킬 수 있다는 것을 증명한 프랑스의 화학자이자 미생물학자.

> 살아 있는 모든 생명체를 향한 사랑은 인간의 가장 숭고한 본능이지요.

27 찰스 다윈
1809년~1882년
자연 선택에 의한 진화론을 제안한 영국의 자연과학자.

25 그레고어 멘델
1822년~1884년
완두콩 연구로 **유전학**의 기반을 세운 오스트리아의 성직자.

2 에이다 러브레이스
1815년~1852년
최초로 **컴퓨터 프로그램**을 작성한 영국의 수학자.

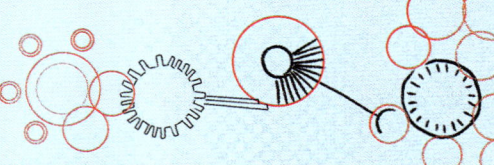

> 사람에 대한 호기심은 줄이고 지식에 대한 호기심을 늘리세요.

11 윌버 라이트
1867년~1912년
최초로 **동력 비행기**를 만든 미국의 비행기 제작자.

65 카를 란트슈타이너
1868년~1943년
주요 **혈액형**을 발견한 오스트리아의 의사.

34 마리 퀴리
1867년~1934년
방사능을 연구하여 두 개의 방사성 원소를 발견한 폴란드 출신의 프랑스 과학자.

40 이네스 메히아
1870년~1938년
방대한 **식물 표본**을 수집한 멕시코 출신의 미국 식물학자.

18 어니스트 러더퍼드
1871년~1937년
핵물리학의 아버지로 알려진 뉴질랜드의 물리학자.

56 굴리엘모 마르코니
1874년~1937년
장거리 **무선 통신**을 개발해 이름을 알린 이탈리아의 과학자.

10 오빌 라이트
1871년~1948년
최초로 **동력 비행기**를 만든 미국의 비행기 제작자.

15 리제 마이트너
1878년~1968년
방사능과 **핵물리학**을 연구한 오스트리아 출신의 스웨덴 물리학자.

26 바버라 매클린톡
1902년~1992년
유전자가 이동할 수 있음을 발견한 미국의 유전학자.

> 지식의 진보를 막으려고 해도 아무 소용이 없지요.

47 사티엔드라 나드 보스
1894년~1974년
알베르트 아인슈타인과 더불어 새로운 입자, **보손**의 존재를 제시한 인도의 물리학자.

6 폴 디랙
1902년~1984년
초기 **양자장론**의 기초를 세운 영국의 물리학자.

49 엔리코 페르미
1901년~1954년
세계 최초의 **원자로**를 만든 이탈리아 출신의 미국 물리학자.

67 세실리아 페인 가포슈킨
1900년~1979년
별이 대부분 **수소**와 **헬륨**으로 이루어져 있다는 사실을 발견한 영국 출신의 미국 천문학자.

60 토미 플라워스
1905년~1998년
세계 최초로 **프로그래밍이 가능한 전자식 컴퓨터**를 설계하고 제작한 영국의 기술자.

96 레이첼 카슨
1907년~1964년
자신의 저서를 통해 **환경 운동**을 이끈 미국의 과학자.

> 과학의 목적은 진실을 발견하고 밝히는 것입니다.

98 그레이스 호퍼
1906년~1992년
미국의 컴퓨터 과학자이자 해군 제독. **컴퓨터 프로그래밍**의 선구자.

> 과학은 언론의 자유가 있는 곳에서만 번성하지요.

95 알프레트 베게너
1880년~1930년
대륙이동설을 내세운 독일의 극지연구가이자 지구물리학자.

100 알렉산더 플레밍
1881년~1955년
페니실린을 발견한 영국의 생물학자.

7 알베르트 아인슈타인
1879년~1955년
빛, 중력, 시간을 이해하는 방식을 바꾸어 놓은 독일 출신의 미국 이론물리학자.

42 어니스트 에버렛 저스트
1883년~1941년
세포가 실험실과 자연 상태에서 다르게 반응할 수 있음을 발견한 미국의 생물학자.

62 에드윈 허블
1889년~1953년
우주가 **팽창**하고 있음을 증명한 미국의 천문학자.

45 스리니바사 라마누잔
1887년~1920년
독학으로 자신의 이름을 딴 **숫자**를 생각해 낸 인도의 수학자.

35 잉게 레만
1888년~1993년
지구가 **단단한 내핵**을 가진다는 사실을 발견한 덴마크의 지진학자.

19 닐스 보어
1885년~1962년
원자 구조와 **양자 이론**을 설명한 덴마크의 물리학자.

81 수브라마니안 찬드라세카르
1910년~1995년
계산을 통해 **백색 왜성, 중성자별, 블랙홀**의 형성 과정을 설명한 인도 출신의 미국 천체 물리학자.

> 무엇이든 상상할 수 있는 사람만이 불가능을 창조할 수 있어요.

4 루이스 앨버레즈
1911년~1988년
월터 앨버레즈와 함께 **공룡 멸종**의 가장 유력한 원인을 밝혀낸 미국의 물리학자.

59 앨런 튜링
1912년~1954년
현대 컴퓨터 과학의 아버지라고 불리는 영국의 수학자이자 암호해독가.

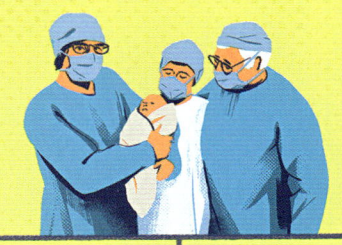

66 코야마 히사코
1916년~1997년
태양 관찰에 평생을 바친 일본의 천문학자.

세상의 모든 것은 물리학과 수학으로 밝힐 수 있지요.

24 프랜시스 크릭
1916년~2004년
DNA의 구조를 발견한 영국의 생물학자.

86 패트릭 스텝토
1913년~1988년
시험관 아기 시술법을 개발한 영국의 의사.

93 캐서린 존슨
1918년~2020년
최초의 **우주 비행**에 필요한 계산을 수행한 미국의 수학자.

75 왕가리 마타이
1940년~2011년
그린벨트 운동을 창설한 케냐의 환경 운동가.

38 로버트 우드로 윌슨
1936년~
우주 배경 복사를 발견한 미국의 천문학자.

32 제인 구달
1934년~
영국의 영장류 동물학자로 세계적인 **침팬지** 전문가.

3 월터 앨버레즈
1940년~
아버지인 루이스 앨버레즈와 함께 공룡 **멸종**의 가장 유력한 원인을 밝혀낸 미국의 지질학자.

79 로버트 칸
1938년~
인터넷을 현실화시킨 미국의 컴퓨터 과학자.

5 스티븐 호킹
1942년~2018년
블랙홀과 **상대성 이론** 연구로 유명한 영국의 물리학자.

87 진 퍼디
1945년~1985
시험관 아기 시술법을 개발한 영국의 간호사.

80 빈트 서프
1943년~
인터넷을 현실화시킨 미국의 컴퓨터 과학자.

36 나카무라 슈지
1954년~
매우 효율적인 청색 및 백색 **LED**를 발명한 일본의 과학자.

과학과 일상생활은 분리할 수도 없고 또 분리해서도 안 돼요.

77 브누아 망델브로
1924년~2010년
프랙털 기하학의 분야를 개척한 폴란드 출신의 프랑스와 미국 수학자.

71 거트루드 엘리언
1918년~1999년
새로운 약을 만들기 위한 체계적인 방법을 만든 미국의 생화학자.

22 로잘린드 프랭클린
1920년~1958년
DNA 구조의 결정적 증거를 찾은 영국의 화학자.

85 로버트 에드워즈
1925년~2013년
시험관 아기 시술법을 개발한 영국의 의사.

84 베라 루빈
1928년~2016년
암흑 물질이 존재한다는 증거를 발견한 미국의 천문학자.

37 아노 펜지어스
1933년~
우주 배경 복사를 발견한 미국의 천문학자.

28 피터 힉스
1929년~
원자보다 작은 **아원자 입자**에 관한 연구로 유명한 영국의 물리학자.

57 투유유
1930년~
말라리아에 대한 효과적인 현대 치료법을 개발한 중국의 화학자.

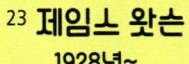

23 제임스 왓슨
1928년~
DNA의 구조를 발견한 미국의 생물학자.

63 최수경
1957년~
X(3872) 중간자라는 새로운 종류의 입자를 발견한 한국의 물리학자.

54 마이브리트 모세르
1963년~
뇌가 어떻게 머릿속에서 지도를 그리는지 밝혀낸 노르웨이의 신경 과학자.

23 팀 버너스 리
1955년~
영국의 컴퓨터 과학자이자 **월드와이드웹(WWW)**의 발명가.

48 레네 하우
1959년~
최초로 **빛의 속도**를 느리게 만들고, 정지시키는 데 성공한 덴마크의 물리학자.

117

용어풀이

이 책에 실린 중요한 단어들의 뜻을 풀어 놓았어요.
*이탤릭체*로 나타낸 단어는 이 안에 따로 풀이가 실려 있답니다.

고생물학 화석과 먼 과거에 살았던 고생물을 연구하는 학문.

공식 문자나 기호를 사용하여 나타낸 식.

기후 변화 장기간에 걸친 지구의 날씨 변화.

노벨상 1895년에 제정된 상으로, 매년 물리학, 화학, 생리학·의학, 경제학, 문학, 평화의 6개 부문에서 뛰어난 업적을 이룬 사람에게 주어져요.

대수학 모르는 값 대신 문자를 사용하여 문제를 해결하는 수학의 한 분야.

동맥 심장에서 온몸으로 혈액을 내보내는 큰 혈관. 혈관벽이 두껍고 수축성이 좋아요.

디엔에이(DNA) 사다리를 비틀어 놓은 모양의 분자 구조물로, 유전자가 들어 있어요. 디옥시리보핵산(deoxyribonucleic acid)의 줄임말이에요.

레이저 강한 빛을 내는 광선.

멸종 한 생물종이 모두 죽어, 더 이상 지구에서 존재하지 않는 것.

물리학 우주의 법칙을 찾고 설명하기 위한 학문.

미생물 병균이나 *세균*처럼 현미경으로만 관찰할 수 있는 아주 작은 생물체.

미적분학 곡선으로 된 영역을 계산하기 위해 사용되는 수학의 한 분야.

반도체 특정한 조건에서만 전기가 통하는 물질. 하지만 금속만큼 전기가 잘 통하지는 않아요.

반물질 *양전자*와 같은 반입자로 구성된 물질.

방사선 빛, 열과 같이 물질에서 방출되는 *입자* 에너지.

방사성 *원자*가 *방사선*을 방출하며 붕괴하는 성질.

백신 환자에게 질병에 대한 면역을 만들어 주는 물질.

병원균 *세균*과 같이 질병을 일으키거나 음식물을 상하게 하는 아주 작은 생물체.

보손 사티엔드라 나드 보스의 이름을 딴 *아원자* 입자의 한 종류.

분자 원소나 화합물을 구성하는 최소 단위.

블랙홀 빛조차 빠져나가지 못할 정도로 강한 중력을 가진 우주의 한 부분.

빅뱅 하나의 작은 점에서 우주를 탄생시켰다고 생각되는 거대한 폭발.

산 물에 녹았을 때 수소 이온을 만드는 물질로, 신맛이 나요.

생물학 생물을 연구하는 학문.

생태계 모든 생물과 주위 환경이 서로 영향을 주고받으며 살아가는 세계.

선사 시대 기록으로 남아 있지 않은 시대.

세균 현미경으로만 관찰할 수 있는 아주 작은 생물체로 종종 질병을 일으켜요.

세포 생물을 이루는 기본 단위.

수학 숫자, 양, 모양 그리고 그들의 관계를 연구하는 학문.

수혈 건강한 사람의 혈액을 환자의 혈관 속에 주입하는 치료법.

시공간 높이, 너비, 깊이를 가진 3차원의 공간에 시간을 합친 4차원의 공간.

식물학 식물을 연구하는 학문.

신경 과학 신경 기관, 특히 뇌를 연구하는 학문.

아원자 *원자*보다 작은 *입자*.

알고리즘 수학이나 컴퓨터에서 문제를 해결하는 절차.

암흑 물질 관측할 수 없지만, 주변에 미치는 영향으로 존재를 알 수 있는 우주 공간의 물질.

양자 물리학 우주를 구성하는 아주 작은 입자, 즉 *원자*, *분자*, *아원자* 입자 등의 세계에서 일어나는 현상을 연구하는 학문.

양전자 *전자*의 반입자.

엑스선 일부 물질만을 통과하는 *방사선*. 인체 내부의 사진을 찍는 데 사용돼요.

연소 물질이 타는 현상이나 과정.

염기 산과 반응하여 염기를 만드는 물질.

염색체 세포 내 *DNA*가 실타래처럼 감겨 있는 구조물. 생물의 종류나 성에 따라 그 수가 일정해요.

우주 시간과 공간에 존재하는 모든 것.

우주배경복사 우주에서 감지되는 전파의 한 유형.

운석 우주 공간에서 지구로 떨어진 암석.

원소 한 종류의 *원자*로 만들어진 물질로, 물질의 성질을 가진 가장 작은 단위예요.

원자 모든 물질을 구성하는 아주 작은 *입자*.

원자로 핵분열로 방출되는 에너지를 이용해 전기를 생산하는 장치.

월드와이드웹(WWW) 인터넷을 통해 접속할 수 있는 거대한 웹 사이트 네트워크.

유전자 암호화된 정보를 가지고 있는 *DNA*의 한 부분.

유전학 유전자가 생물에 미치는 영향을 연구하는 학문.

은하계 중심점을 기준으로 돌고 있는 수십억 개의 별들의 집합.

은하수 우리 *태양계*를 포함한 *은하계*. 밤하늘에서 띠 모양으로 길게 늘어서 있는 별들의 무리.

이산화탄소 탄소와 산소로 이루어진 기체. 연료를 태우거나 사람과 동물이 호흡을 할 때도 발생해요.

인터넷 전 세계 컴퓨터 사용자들을 서로 연결해 주는 거대한 컴퓨터 네트워크 시스템.

입자 보이지 않을 정도로 아주 작은 알갱이.

자기장 자석의 힘이 미치는 공간.

자석 자성 즉, 다른 물체를 끌어당기는 보이지 않는 힘을 지닌 물체.

자연 선택 환경에 가장 잘 적응한 생명체만이 살아남는 *진화*의 과정.

저온 살균 음식물 속 해로운 *세균*을 죽이기 위해 가열하여 살균하는 방법.

전류 전기를 띤 입자의 흐름.

전자 원자의 핵 주변을 움직이는 *아원자* 입자.

전자기 파동성을 띤 전기와 자기의 상호 작용.

전자기 복사 라디오파, 빛, 엑스선 등의 전파가 퍼져나가는 현상.

정맥 혈액을 모아 심장으로 보내는 작은 혈관.

종 생물을 분류하는 단위. 같은 종끼리만 교배가 가능해요.

중간자 쿼크와 반쿼크로 이루어진 *아원자* 입자의 한 유형.

중력 두 물체가 *질량* 때문에 서로를 잡아당기는 힘.

지진 지구 표면이 움직이는 현상.

지질학 지구, 특히 암석을 연구하는 학문.

진화 생물종이 시간이 흐름에 따라 변하는 과정.

질량 물체 고유한 양.

천문학 우주를 연구하는 학문.

천체 물리학 별을 포함한 우주의 기원과 본질을 연구하는 학문.

축 어떤 물체의 중앙을 통과하는 실제 혹은 가상의 선으로, 물체는 그것을 중심으로 회전해요.

컴퓨터 공학 컴퓨터의 기능과 사용법을 연구하는 학문.

컴퓨터 프로그램 컴퓨터를 실행시키기 위해 작성된 일련의 명령어들.

쿼크 *입자*의 한 유형으로, *중간자* 같은 다른 입자를 구성하는 요소.

태양계 태양을 중심으로 회전하는 행성과 위성, 다른 여러 천체로 구성된 공간.

페르미온 엔리코 페르미를 따 이름 지은 *아원자* 입자의 한 종류.

프랙탈 끝없이 되풀이 되는 불규칙한 구조를 이루는 선이나 면.

항생제 페니실린처럼 *세균* 감염을 치료하는 데 사용하는 약의 한 종류.

해부학 생물의 구조와 기능을 연구하는 학문.

핵 *원자*의 중심 부분. 생물에서는 *세포*의 활동을 조절하는 세포 내 기관으로 *DNA*를 가져요.

핵물리학 *아원자* 입자를 연구하는 학문.

혜성 태양 주위를 도는 작은 천체로, 먼지와 얼음으로 이루어졌어요.

화석 암석에 보존된 생물의 유해나 흔적.

화학 원소와 화합물의 성질, 조성, 구조 그리고 물질 간 반응을 연구하는 학문.

흑점 지구의 *자기장*에 영향을 미치는 태양 표면의 어두운 부분.

힉스 입자 피터 힉스의 이름을 따라 지은 보손(*아원자 입자*)의 한 유형.

힘 물체의 운동 상태나 모양을 바꾸는 힘.

찾아보기

DDT 78
DNA 28~29, 116, 117
E=mc² 13
KEKB 71
LED 43, 116
NASA 101

ㄱ

가스 23, 54, 76, 79, 107
갈라파고스섬 32~33
갈륨비소 43
갈릴레이, 갈릴레오 26, 98, 111
감마선 20
개똥쑥 64
격자 세포 61
결핵 59, 112
고생물학자 48, 113
고야마, 히사코 75, 116
곤충 32~33, 36, 58, 64, 78, 92, 99, 110
곰팡이 108
공룡 8~9, 27, 48, 113, 115, 116
과학 혁명 72
광자 12
광학 73, 83, 111
구달, 제인 38, 116
그린벨트 운동 84, 116
글루온 71
금성 22, 26, 53, 60

기관차 62, 113
기니피그 59
기상학 103
기후 변화 77, 79, 112, 119

ㄴ

나무 57, 84
나비 58, 99, 110
나침반 77
나카무라, 슈지 43, 116
노벨상 5, 8, 12, 21, 29, 31, 41, 43, 45, 56, 63, 64, 80, 84, 108
농약 78
농업 81, 112
뇌 61, 83, 85, 100, 117
눈 83
뉴커먼, 토머스 62
뉴턴, 아이작 12, 65, 72~73, 110

ㄷ

다윈, 찰스 32~33, 57, 113
달 26, 53, 60, 70 72, 77, 101, 112
대나무 82
대륙 103
대륙 이동설 103, 115
대서양 63, 97
대수학 15, 111, 118

대통령 자유 훈장 101
대형강입자가속기(LHC) 34
도약 유전자 31
돌려짓기 81
동맥 105, 118
동물 27, 32, 38, 48, 57, 58, 77, 84, 92, 98, 99
동물학자 27, 112
디렉 방정식 11
디랙, 폴 11, 114
딱정벌레 99
땅콩 81

ㄹ

라듐 41
라디오파 20
라마누잔, 스리니바사 52, 115
라부아지에, 앙투안 19, 111
라이트, 오빌 16~17, 114
라이트, 윌버 16~17, 113
라이트 플라이어 16~17
라이프니츠, 고트프리트 65, 110
란트슈타이너, 카를 74, 113
러더퍼드, 어니스트 24, 114
러브레이스, 에이다 7, 113
레만, 잉게 42, 115
레이저 12, 54~55, 120
로렌츠 암호 67
뢴트겐, 빌헬름 37, 40, 112
루빈, 베라 93, 117

린네, 칼 92, 110

ㅁ

마르코니, 굴리엘모 63, 114
마이브리트 61, 117
마이크로파 20
마이트너, 리제 21, 114
마타이, 왕가리 84, 116
말라리아 64, 117
망델브로, 브누아 86, 117
망원경 22~23, 26, 44, 70, 73, 75, 107
매클린톡, 바바라 31, 114
맥스웰, 제임스 클러크 20, 112
메리 아닝 48, 113
메리안, 마리아 지빌라 58, 110
메시아, 이네스 47, 113
멘델, 그레고어 30, 113
멘델레븀 69
멘델레예프, 드미트리 68-69, 112
멸종 8~9, 27, 48, 112, 113, 115, 116
모기 64
모세르, 마이브리트 61
목성 22, 26, 111
목화 81
무선 신호 75
무선 통신 63
문어 98
물고기 78, 97

물리학자 8, 10, 11, 12~13, 18, 20~21, 24~25, 26, 34, 37, 39, 40~41, 54~55, 56, 71, 72~73, 107, 110, 111, 112, 114, 115, 116, 117
미생물 51, 120
미적분학 65, 73, 110, 118

ㅂ

바륨 21
반도체 43, 121
반물질 11, 118
반쿼크 71
방사능(방사선) 21, 41, 113, 114
배비지, 찰스 6~7, 113
백색 왜성 90, 115
백신 96, 111, 121
버너스 리, 팀 35, 117
베게너, 알프레트 103, 115
베살리우스, 안드레아스 85, 111
베크렐, 헨리 40, 41
벨, 알렉산더 그레이엄 46, 112
병원균 51
보손 34, 54, 114, 118
보스-아인슈타인 응축 54, 55
보어, 닐스 25, 115
보스, 사티엔드라 나드 34, 54, 114
볼타, 알레산드로 39, 82, 111

봄베 66
분류 92, 110
브라마굽타 14, 111
브라운, 레슬리 95
블랙홀 10, 52, 90, 115, 116, 118
블로섬 96
비둘기 33, 44
비행 16~17, 113, 114
빅뱅 44~45, 70, 118
빙하기 79
뼈 27, 85

ㅅ

사막 84
사스, 마이클 97
산 19, 79, 118
산소 19, 104, 105, 111
새 32, 33, 44, 78, 92
생물학자 29, 36, 38, 49, 58~59, 78, 84, 97, 99, 108, 112, 113, 115, 116, 117
생태계 57, 119
생화학자 80, 117
서프, 빈트 89, 116
선사 시대 8, 48, 113, 121
성게 19
세계보건기구(WHO) 96
세균 59, 108, 112, 118
세포 36, 49, 61, 74, 80, 99, 110, 115, 118

123

소행성 70
수소 76, 114
수학자 6~7, 14~15, 52,
    65~66, 72~73, 86, 91, 101,
    106, 110, 111, 113, 114, 115
순환 102, 104~105, 111
슈밤메르담, 얀 58
스마트폰 20, 43
스텝토, 패트릭 94-95, 116
스티븐스, 네티 99, 112
스티븐슨, 로버트 62
시간 13, 107, 115
시계 107, 110
시공간 13, 121
시신경 83
시험관 아기 시술 94~95, 116, 117
식물학자 30, 47, 81, 92, 110, 112, 113
신경계 83
신경과학자 61, 117
심괄 77, 111
심장 85, 100, 104~105, 110, 111

ㅇ

아랍어 14, 15, 83
아레니우스, 스반테 79, 112
아르테미시닌 64
아르파넷 88
아리스토텔레스 98, 110
아마노, 히로시 43
아마존강 47
아비켄나 50
아스트롤라베 91
아인슈타인, 알베르트 12~13, 54~55, 56, 114, 115
아카사키, 이사무 43
안드로메다은하 93
알고리즘 7, 15, 118
알베이트 알무즐림 83
알츠하이머병 61
알콰리즈미, 무하마드 이븐무사 14, 15, 111
암 80
암석 8, 9, 42, 48, 57, 102, 103, 110
암호 해독 66~67
암흑 물질 93, 117, 119
애벌레 58
앨버레즈, 월터 8~9, 115, 116
양자 25
양자물리학 12, 25, 114, 115, 121
양자장론 11, 114
양전자 11, 71, 121
에니그마 66
에드워즈, 로버트 94-95, 117
에디슨, 토머스 82, 112
에라토스테네스 87, 110
엑스선 20, 28, 29, 37, 40, 112, 121
엘리언, 거트루드 80, 117
연소 19, 119
연잎성게 49
염기 79, 118
염색체 99, 112, 119
영(0) 14, 111
오리온 성운 107
옥수수 31
올슨, 스티븐 71
와트, 제임스 62
완두 30, 113
왓슨, 제임스 29, 117
왓슨, 토마스 46
왕립학회 52
우두 96
우라늄 21, 40
우주 비행 101, 116
우주 망원경 70
우주 배경 복사 44~45, 116, 117, 119
우주선 101
운동의 법칙 73, 110
운석 9, 120
원소 19, 21, 40~41, 68~69, 76, 112, 113, 119
원자 11, 13, 20~21, 24~25, 56, 68, 118
원자로 56, 114, 121
월드와이드웹(WWW) 35, 117, 121
월식 53, 112
웹 브라우저 35
웹 페이지 35

위성 20, 26, 75, 107
윌슨, 로버트 우드로 44~45, 116
유전자 30~31, 114, 120
유전학 30~31, 99, 112, 113, 114
은하계 26, 70, 93, 120
은하수 26, 70, 120
음수 14
의사 50, 59, 74, 85, 94, 96, 104~105, 111, 113, 116, 117 119
이리듐 9
이븐 시나 50, 111
이븐 알나피스 104~105, 111
이븐 알하이삼 83, 98, 111
이산화탄소 79, 118
인간 컴퓨터 101
인도양 97
인쇄 77
인터넷 35, 88~89, 116, 120
일반 상대성이론 13
입자 10~11, 12, 21, 24~25, 34, 41, 54, 65, 71, 114, 117

ㅈ

자석 18, 54~55, 120
자성 18, 20, 112
자연 과학자 32~33, 57, 58, 110, 112, 113
자연 선택 32-33, 113, 120

자외선 20
저스트, 어니스트 에버렛 49, 115
저온 살균 51, 121
적외선 20
적혈구 74
전구 82, 112
전기 18, 20, 37, 39, 43, 46, 56, 66~67, 82, 112, 113
전류 18, 39, 119
전자 11, 24~25, 71, 119
전자기 20, 112, 119
전지 39, 111
전파 20, 44, 63, 114
전화기 46, 112
정맥 105, 121
제2차 세계 대전 66, 67, 75
제너, 에드워드 96, 111
젠이, 왕 53, 112
존슨, 캐서린 101, 116
종 8, 27, 33, 92, 121
주기율표 68~69, 112
중간자 71, 117, 120
중력 10, 12~3, 72, 90, 110, 115, 120
중성자별 90, 115
쥐 61, 64
증기 기관 62
지구 9, 26~27, 42, 48, 53, 60, 70, 72, 75, 79, 87, 102, 103, 110, 111, 115
지구 온난화 79, 112

지리학 87
지진 42, 119
지진학 42, 115
지질학 8, 102~103, 110, 116, 120
진화 32~33, 113, 119
질량 보존의 법칙 19
질병 51, 59, 64, 80, 96, 100, 108, 110, 113
질소 81

ㅊ

찬드라세카르, 수브라마니안 90, 115
천문학자 14, 22~23, 26, 44~45, 53, 60, 70, 72, 75, 76~77, 87, 91, 93, 107, 110, 111, 112, 114, 115, 116, 117
천연두 96, 111
천왕성 22, 110
천체 물리학자 90, 115
체인, 어네스트 보리스 108
초대륙 103
초파리 99
최수경 71, 117
축 87, 118
충격파 42
측두엽 61
칙술루브 분화구 9
침팬지 38, 116

ㅋ

카메라 옵스큐라 83
카버, 조지 워싱턴 81, 112
카슨, 레이첼 78, 114
칸, 밥 88~89, 116
코끼리 27
코볼 106
코페르니쿠스, 니콜라스 60, 111
코흐, 로베르트 59, 112
콜로서스 67
쿼크 71, 121
퀴리, 마리 40~41, 113
퀴리, 피에르 41
퀴비에, 조지 27, 112
크릭, 프랜시스 29

ㅌ

타이타닉 63
타이탄 107
탄저병 59, 112
태양 9, 24, 26, 53, 60, 72, 75, 90, 111, 116
태양계 26, 60, 107, 111, 121
태평양 32, 97
텔레비전 20
토성 22, 107
톰슨, 조셉 존 24
톰슨, 찰스 와이빌 97, 112
투유유 64, 117

튜링, 앨런 66~67, 115
튜링상 89
트레비식, 리처드 62, 113
특수 상대성 이론 13, 56

ㅍ

파동 20, 63, 107
파스퇴르, 루이 51, 113
파충류 27, 48
판구조론 103
퍼디, 진 95, 116
페니실린 108, 115
페러데이, 마이클 18, 113
페르미, 엔리코 34, 56, 114
페르미온 34, 119
페인 가포슈킨, 세실리아 76, 114
펜로즈, 로저 10
펜지어스, 아노 앨런 44~45, 117
폐 100, 104, 110, 111
폴로늄 41
프랙탈 86, 117, 120
프랭클린, 로잘린드 28~29, 117
프로그램 7, 35, 106, 113, 114, 119
프리슈, 오토 21
플라워즈, 토미 67, 114
플레밍, 알렉산더 108, 115
플로리, 하워드 108
플로우 매틱 106

핀치 32~33

ㅎ

하디, 고드프리 해럴드 52
하디-라마누잔 수 52
하비, 윌리엄 105, 111
하우, 레네 55, 117
하이퍼텍스트 35
한, 오토 21
한살이 58
항생제 108, 118
해부 85
해부학 85, 111, 118
해석 기관 6~7
해양생물학자 49, 97, 112, 115
핵 24~25, 121
핵물리학 21, 24, 56, 114, 120
행성 12~13, 22, 24, 26, 60, 72, 77, 91, 98, 107, 110, 111
허블, 에드윈 70, 115
허블의 법칙 70
허셜, 윌리엄 22, 110
허셜, 캐롤라인 23, 112
허턴, 제임스 102, 110
헤르츠, 하인리히 63
헬륨 76, 114
현미경 36, 51, 110
혈액 74, 104~105, 111, 113
혜성 23, 119
호이겐스, 크리스티안 107, 110
호킹 복사 10

호킹, 스티븐 10, 116
호퍼, 그레이스 106, 114
화산 102
화산 평원 107
화석 8, 27, 48, 103, 113, 119
화성 22, 107
화학자 28, 39, 49, 51, 54, 64,
  68, 79, 111, 112, 113, 117
훅, 로버트 36, 110
훔볼트, 알렉산더 폰 57, 112
흑점 75, 121
히파티아 91, 110
히포크라테스 100, 110
힉스, 피터 34, 117
힘 13, 56

한국어판 1판 1쇄 펴냄 2020년 7월 1일 | 1판 4쇄 펴냄 2021년 5월 31일
옮김 송지혜 편집 박희정 디자인 황혜련 펴낸곳 (주)비룡소인터내셔널 전화 02)6207-5007 팩스 02)515-2007
한국어판 저작권 ⓒ 2020 Usborne Publishing Ltd.

영문 원서 The amazing discoveries of 100 Brilliant scientists 1판 1쇄 펴냄 2020년
글 아비게일 휘틀리 외 그림 레너드 뒤퐁 외
디자인 사무엘 고램 외 감수 마이크 키어니
펴낸곳 Usborne Publishing Ltd. usborne.com
영문 원서 저작권 ⓒ 2020 Usborne Publishing Ltd.

이 책의 영문 원서 저작권과 한국어판 저작권은 Usborne Publishing Ltd.에 있습니다.
저작권법에 의하여 한국 내에서 보호를 받는 저작물이므로 무단전재와 복제를 금합니다.
어스본 이름과 풍선 로고는 Usborne Publishing Ltd.의 트레이드 마크입니다.